弁護士YouTuber
クボタに聞く ▶

「これって犯罪ですか?」

久保田康介
Kosuke Kubota

KADOKAWA

はじめに

　みなさんは SNS 上で嫌な思いをしたことはありませんか？

　たとえば、「嫌みを言われた」「煽られた」「秘密を暴露された」「勝手に写真を公開された」など、身に覚えがあるのではないでしょうか。

　その中には、実は、犯罪だったり、損害賠償責任だったりという法律問題が絡んでいることがあります。他方で、みなさんの投稿が法律問題を引き起こしていることもあります。

　気軽におこなった投稿で "逮捕" なんてことになったら……と想像するとゾッとしませんか？

　この本は、SNS を利用するすべての方に対して、また、これから SNS をはじめようとしている方に向けて、SNS 投稿に関する法律知識を知っていただくために執筆しています。

　法律知識を持っていれば、自らが加害者になることを避けることができますし、被害を受けていることを知り救済を求めることもでききます。

　とはいえ、"法律" といえば難しい印象を受けるのではないでしょうか。

　この本では、みなさんが法律の知識をよりよく吸収できるように、単に知識を羅列するだけではなく、法律の考え方を伝えられるよう工夫をしています。

　第1部ではくすっと笑える事例とそれに対して法律の思考手順を丁寧に記載しました。

　第2部では SNS を利用するにあたって知っておいて欲しい法律知識をまとめてできる限りわかりやすく解説しました。

この本を読み終える頃には、SNS 投稿に関する法律問題について、ある程度ご自身で判断できるようになっているはずです。

　まずは、第 1 部のいくつかのケースをご覧になってください。気になったケースからで構いません。そして、"こんな感じで判断するのね"というイメージができた段階で第 2 部をお読みいただき、また第 1 部に戻っていただくことをオススメします。

　ただ、この本をどう使うかはみなさんの自由です。気になった章だけ読むというのもよいでしょう。また、裁判例のあるものについては、判断の概要と認容額を記載しておきましたので、裁判例欄だけ一通り眺めてみるのも面白いかもしれません。

　話が変わりますが、私は、普段から"弁護士 YouTuber"として身近な法律問題を動画で解説しております。2018 年 12 月現在、チャンネル登録者が 13 万人に達しております。

　この本を通じて法律に興味を持たれた方は、是非動画のほうもご視聴ください。

　さて、宣伝を入れたら少し長くなってしまいましたね（笑）。

　個人的には長文のはしがきを好まないのでこれくらいにしておきます。そして、はしがきの最後はこの言葉で締めくくるとしましょう。

　"法律の世界へようこそ"

弁護士 YouTuber　久保田康介

【注意書き】

- ・第 1 部が難しいと感じた方は、第 2 部から読み進めてください。
- ・勝訴率のパーセンテージは各事例について筆者が相談を受けたという想定で割り出しています。一応の目安程度にお考え下さい。
- ・勝訴率は各事例の被害者が投稿者を民事で訴えた場合を想定しています。刑事裁判の勝訴率を意味しませんのでご注意ください。
- ・意図的に説明を省いている部分があります。たとえば、第 1 章名誉権関係では名誉毀損に関する説明は省かずにおこなっていますが、プライバシー侵害に関する説明は省いています。
- ・裁判例の「〇〇万円の損害賠償請求を認めました」の金額は、名誉毀損であれば名誉毀損に対応する部分の慰謝料と弁護士費用をあわせた額を掲載しています。裁判全体ではもっと高額の損害賠償請求が認められている可能性があります。

Contents

はじめに……2

Part 1 ▶ こんな投稿大丈夫？―事例編……11

Chapter 1　名誉権関係

`Case01`　あのプロ野球選手は風俗店の常連客だ……14

`Case02`　あの理事長は暴力団と交友関係あり……20

`Case03`　あの子は以前ランジェリーパブに勤務していた……26

`Case04`　あいつは北朝鮮のスパイだ……32

- Case05　あのボクシングの試合は八百長だ……38
- Case06　あいつは詐欺商材を販売している……44
- Case07　あの園長は園児を虐待している……50
- Case08　あの子は現在不倫中だ……56
- Case09　あの論文の実験データはねつ造だ……62
- Case10　あのカジノのディーラーはイカサマディーラーだ……68
- Case11　あの報道は事実無根の虚偽報道だ……74
- Case12　あの作品は盗作だ……80
- Case13　あの病院は医療ミスを隠ぺいした……86
- Case14　あの英和辞典の例文は間違っている……92

Chapter

2 プライバシー関係

- Case15 あいつは離婚したがそのことを隠している……100
- Case16 あいつの家には萌えグッズがある……106
- Case17 あいつは昔ダサかった……112
- Case18 あいつはあそこに住んでいる……116
- Case19 あいつは実はバカだった……120
- Case20 あいつはキレ痔だ……124
- Case21 あいつは前歴持ち……130
- Case22 あいつはこんな DM を送るヤリチンだ……134

Chapter

3 肖像権関係

- Case23 殺人事件の実名・顔写真投稿……142
- Case24 他人の映り込み写真の投稿……148
- Case25 集合写真の投稿……154
- Case26 「今日お持ち帰りした女性」として無関係の女性の写真を投稿……158
- Case27 水着写真の無断転載……162

Chapter

 著作権関係

- Case28　無断でリンク貼り……170
- Case29　アニメアイコン……174
- Case30　歌詞の投稿……178
- Case31　キャラ弁……182
- Case32　インターネット記事の転載……186

Chapter

 その他

- Case33　エッチな写真の投稿……196
- Case34　元カノの裸写真を投稿……200
- Case35　爆破予告……206

Part 2 ▶ こんな投稿大丈夫？─理論編……211

第1章 はじめに

1 法律の学び方……212

2 要件と効果……212

3 条文と判例……213

4 民事責任と刑事責任……213

5 不法行為の解説……214

第2章 名誉権侵害（名誉毀損）

1 はじめに……220

2 民事……220

3 刑事……230

4 プライバシー権侵害……235

5 肖像権侵害……240

6 著作権侵害……245

おわりに……254
著者プロフィール……255

Part

1

こんな投稿大丈夫？

事例編

Chapter 1

名誉権
関係

Case

01. あのプロ野球選手は風俗店の常連客だ

Question

　私はプロ野球チームのG球団の大ファンです。私は、G球団が今シーズンの優勝を逃してしまった原因はX選手の不調にあると考えています。ファン同士の噂によると、X選手は毎晩キャバクラや風俗店等に足を運んで夜遊びをしているようです。私は、X選手が許せません。そこで、私は、Twitterに「Xは毎晩風俗店に足を運んで夜遊びにふけり、トレーニングを疎かにし、打率を下げていった。」と書き込みました。私が何か法的な責任に問われる可能性はありますか。

Answer

　名誉を毀損したとして、民事責任や刑事責任を追及される可能性があります。

裁判になったら…**70%**くらいの確率で**被害者**が**勝訴**すると思います。

Case 01. あのプロ野球選手は風俗店の常連客だ
解 説

(1) 民事責任

名誉毀損を理由とする不法行為に基づく損害賠償の成立要件は220頁以下に記載の通り、①名誉権侵害、②故意・過失、③損害、④因果関係です。

プロスポーツ選手は、社会から、スポーツマンの模範としての行動が期待されています。それゆえ、試合で活躍を遂げ、好

成績を収めるために、日々トレーニングに励み、身体能力の向上に努めているものと認識されています。そのため、トレーニングに熱心であるか否かは、プロスポーツ選手としての社会的評価に影響する事実といえます。そうすると、Xがトレーニングを疎かにし、それどころか毎晩風俗店に通って夜遊びにふけっていたとの事実を公表することは、読者に、Xはプロスポーツ選手としての自覚に欠けているとの印象を与え、Xの社会的評価を低下させます。したがって、Xの名誉権が侵害されているといえます。

　投稿者は、今回の投稿によりXの社会的評価が下がる可能性があることを知りつつ今回の投稿をおこなっていることから、結果発生を認識・認容していたといえます。したがって、故意の要件を満たします。

　Xは精神的苦痛を受け、慰謝料等の損害が発生しています。

　今回の投稿行為と損害との間には因果関係が認められます。

　というわけで、不法行為が成立し、投稿者はXに対して損害賠償責任を負います。しかし、投稿者が真実性の抗弁や相当性の抗弁を主張し、証明に成功した場合には、投稿者はXに対する損害賠償責任を免れます。

◎（2）刑事責任

　名誉毀損罪の成立要件は230頁以下に記載の通り、①公然

性、②事実の摘示、③名誉の毀損です。

　Twitterでの投稿内容は原則として誰でも見ることができますので、不特定かつ多数人が本件投稿を見ることのできる状態においています。そのため、公然性の要件を満たします。

　投稿者は、Xが毎晩風俗店に通っているという事実およびXがトレーニングを疎かにしているという事実を摘示しています。

　本件投稿によりXの社会的評価を低下させることは既に検討した通りです。

　というわけで、名誉毀損罪が成立します。しかし、投稿者が真実性の証明に成功した場合には、今回の投稿に犯罪が成立しません。

▶▶（3）裁判例

　東京地裁平成13年3月27日判決は、著名なプロ野球選手が"自主トレ先でストリップバーに通っていた"との週刊誌記事が同選手の名誉を毀損するとして、1000万円の損害賠償請求を認めました。その続審である控訴審（東京高裁平成13年12月26日判決）では、週刊誌の記事が被害者の社会的評価を大きく低下させるものであることを指摘しつつも、プロ野球選手としての資質以外の一般の社会生活における品性、名声、信用などの人格的な側面についての誹謗中傷を多く含むもので

はなく、また、プロ野球選手の資質にかかわる部分もそれ自体
として被害者の選手生命に直接かかわるものとは考え難いとし
て、600万円の損害賠償請求を認めました。

（4）アドバイス

夜のお店に出入りしていることの投稿は、このように名誉毀
損にあたる場合があります。裁判例は著名なプロ野球選手とい
う特殊性により損害賠償額が高額化していますので、一般の方
に対する同様の投稿の場合には、名誉毀損の要件を満たしたと
しても、ここまでの損害賠償請求が認められることはほとんど
ありません。

Column ● **損害賠償額はいくらくらいになる？**

平成15年から平成26年までに公表された名誉毀損の裁判例の
認容額を見ると、その最大値は1000万円、最小値は1万円となっ
ています。また、平均認容額は180万円程度で、中央値は100
万円となっています。認容額で一番多いのが50万円以下のもの
です。その次に多いのが50万円から100万円です。

本書に掲載する裁判例は有名人の権利が問題となっていること
が多いので、比較的高額の損害賠償請求が認められているケース
がたくさんありますが、実際にはそこまで高額の損害賠償請求が
認められることはそれほど多くはありません。

Case

02. あの理事長は暴力団と交友関係あり

Question

　私は現在、生活保護を受けながらYというNPO法人の用意した寮で生活しています。この寮に入居するにあたってYと交わした契約により、支給された生活保護費は一旦Xに手渡し、Yが生活保護費からさまざまな費目を控除し残った金額を私に手渡します。これにより手元に残るのは毎月1万円ほどです。Yの理事長Xは、私たち入居者から搾り取ったお金で暴力団幹部と豪遊しているようです。私はこのままでは一生搾取されてしまうと考え、最寄りのインターネットカフェのPCから、Facebookに「Yの理事長Xは暴力団と親密な交友関係にある反社会的人物であり、生活保護者から保護費を搾取し、それを暴力団に貢いでいる。」と書き込みました。私が何か法的な責任に問われる可能性はありますか。

Answer

　名誉を毀損したとして、民事責任や刑事責任を追及される可能性があります。

裁判になったら…**80%**くらいの確率で**被害者**が**勝訴**すると思います。

Case 02 あの理事長は暴力団と交友関係あり
解 説

（1）民事責任

名誉毀損を理由とする不法行為に基づく損害賠償の成立要件は220頁以下に記載の通り、**①名誉権侵害、②故意・過失、③損害、④因果関係**です。

NPO団体は、非営利で社会貢献活動や慈善活動をおこなう団体であり、政府から認証を受けて設立される組織です。その

ため、NPO団体は、社会一般から社会に貢献するような活動をすることを期待されており、理事長にも同様の期待が向けられているといえます。そうすると、Xが反社会的勢力である暴力団の幹部と親密な交友関係にあるという投稿は、XのNPO法人の理事長としての資質に疑問を抱かせる事実の指摘であり、Xの社会的評価を低下させます。したがって、Xの名誉権が侵害されているといえます。

投稿者は、今回の投稿によりXの社会的評価が下がる可能性があることを知りつつ今回の投稿をおこなっていることから、結果発生を認識・認容していたといえます。したがって、故意の要件を満たします。

Xは精神的苦痛を受け、慰謝料等の損害が発生しています。

今回の投稿行為と損害との間には因果関係が認められます。

というわけで、不法行為が成立し、投稿者はXに対して損害賠償責任を負います。しかし、投稿者が真実性の抗弁や相当性の抗弁を主張し、証明に成功した場合には、投稿者はXに対する損害賠償責任を免れます。

また、それだけではなく、法人に対する名誉毀損も認められることから、Yに対する不法行為も成立し得ます。

◉（2）刑事責任

名誉毀損罪の成立要件は230頁以下に記載の通り、①公然

性、②事実の摘示、③名誉の毀損です。

　Facebookでの投稿内容は原則として誰でも見ることができ
ますので、不特定かつ多数人が今回の投稿を見ることのできる
状態においています。そのため、公然性の要件を満たします。

　投稿者は、Yの理事長Xは暴力団と親密な交友関係にある
という事実を摘示しています。今回の投稿によりXの社会的
評価を低下させることは既に検討した通りです。

　というわけで、名誉毀損罪が成立します。しかし、投稿者が
真実性の証明に成功した場合には、今回の投稿に犯罪が成立し
ません。

（3）裁判例

　東京高裁平成14年3月28日判決は、著名なプロ野球選手
が"暴力団組長と親密な交際をし、野球賭博に関与した"との
週刊誌記事が同選手の名誉を毀損するとして、600万円の損害
賠償請求を認めました。また、同判決において被告が出版する
週刊誌の誌上に謝罪広告の掲載が命じられました。

（4）アドバイス

　現在、暴力団は反社会的勢力として排除される傾向にありま
す。そんな暴力団とのかかわりを指摘する投稿は、今回のよう

に名誉毀損にあたる可能性があります。法人に対する誹謗中傷についても、同様に法的責任が発生しますのでご注意ください。

Column ●反社条項

　最近では、さまざまな契約書において、以下のような反社条項が設置されていることが多くなりました。大阪府警察のモデル案より（https://www.police.pref.osaka.jp/05bouhan/boutai/bouhai_jyourei_kisairei_1.html）

　契約書の一部からも反社会的勢力への風当たりが強いことが窺えますね。

　（暴力団等反社会的勢力の排除）

　第〇条　乙は、甲に対し、本件契約時において、乙（乙が法人の場合は、代表者、役員又は実質的に経営を支配する者。）が暴力団、暴力団員、暴力団関係企業、総会屋、社会運動標ぼうゴロ、政治運動標ぼうゴロ、特殊知能暴力集団、その他反社会的勢力（以下「暴力団等反社会的勢力」という。）に該当しないことを表明し、かつ将来にわたっても該当しないことを確約する。

　（契約の解除等）

　第×条　甲は、乙が暴力団等反社会的勢力に属すると判明した場合、催告をすることなく、本件契約を解除することができる。

　2　甲が、前項の規定により、個別契約を解除した場合には、甲はこれによる乙の損害を賠償する責を負わない。

　3　第1項の規定により甲が本契約を解除した場合には、乙は甲に対し違約金として金●●円を払う

Case 03

あの子は以前ランジェリーパブに勤務していた

Question

　私はXの大ファンです。Xは人気沸騰中のYというアイドルグループのメンバーで、グループのリーダーもしています。最近、XがAV男優と結婚し、アイドルを引退する旨の記者会見をおこないました。私は、そのことにカッとなって、Twitterに、「XがAV男優と結婚だと？ふざけるな！さすが大学生時代に2年間ランジェリーパブに勤めていただけあるな。腐れビッチが。」と書き込んでしまいました。私が何か法的な責任に問われる可能性はありますか。

Answer

　名誉を毀損したとして、民事責任や刑事責任を追及される可能性があるほか、プライバシーを侵害したとして民事責任を追及される可能性があります。

裁判になったら…**90%**くらいの確率で**被害者**が**勝訴**すると思います。

Case 03 あの子は以前ランジェリーパブに勤務していた
解説

(1) 民事責任

　名誉毀損を理由とする不法行為に基づく損害賠償の成立要件は220頁以下に記載の通り、①名誉権侵害、②故意・過失、③損害、④因果関係です。

　ランジェリーパブというのは、胸元の見えるコスチュームを着た女性が、客の前で着替えるなど、下着姿で接待等のサービ

スをするお店のことです。このようなお店で勤務をするにあたっては、客から下着が見えることを指摘されたら積極的にこれを見せたり、胸等を触られても苦情をいわずに受け入れ、また、性に関する自己の体験を客から尋ねられるままに答えるなど、積極的に客が望む性的なサービスを提供するよう指導されます。そんな店に2年間も勤務していたという投稿は、通常の一般人であれば羞恥心を害される破廉恥な行為をしていたことを意味するので社会的評価を低下させます。したがって、Xの名誉権が侵害されているといえます。

　投稿者は、今回の投稿によりXの社会的評価が下がる可能性があることを知りつつ今回の投稿をおこなっていることから、結果発生を認識・認容していたといえます。したがって、故意の要件を満たします。

　Xは精神的苦痛を受け、慰謝料等の損害が発生しています。

　今回の投稿行為と損害との間には因果関係が認められます。

　というわけで、不法行為が成立し、投稿者はXに対して損害賠償責任を負います。ここで、投稿者が真実性の抗弁や相当性の抗弁を主張することが考えられますが、ランジェリーパブで勤務していたという事実は公衆の好奇心を満たすにとどまりますので事実の公共性の要件を欠きますし、「腐れビッチ」という投稿内容は私怨によるものと考えられますので目的の公益性の要件を欠きます。そのため、真実性の抗弁や相当性の抗弁は認められないでしょう。

◉ （2）刑事責任

　名誉毀損罪の成立要件は 230 頁以下に記載の通り、①公然性、②事実の摘示、③名誉の毀損です。

　Twitter での投稿内容は原則として誰でも見ることができますので、不特定かつ多数人が今回の投稿を見ることのできる状態においています。そのため、公然性の要件を満たします。

　投稿者は、X が大学時代に 2 年間ランジェリーパブに勤めていたという事実を摘示しています。

　今回の投稿により X の社会的評価を低下させることは既に検討した通りです。

　というわけで、名誉毀損罪が成立します。真実性の証明については、民事責任のところで述べたように、事実の公共性や目的の公益性の要件を欠くことになるため、認められないでしょう。また、「腐れビッチ」という投稿は、X が性的にだらしないことを意味する侮辱行為であるため、侮辱罪が成立します。

◉ （3）裁判例

　東京地裁平成 13 年 9 月 5 日判決は、テレビ局のアナウンサーが "学生時代にランジェリーパブに勤務し、しかも積極的に客が望む性的サービスを提供していた" ことを記載する週刊誌記事が同アナウンサーの名誉を毀損するとして、500 万円の損害

賠償請求を認めました。また、同判決において被告が出版する週刊誌の誌上に謝罪広告の掲載が命じられました。

◉ (4)アドバイス

今回のような投稿は、人に知られたくない事実を公表するものとして、プライバシー権侵害による不法行為も成立することになります。常識的に考えたときに「これは他人に公開されたくないだろうな」と思う事実に関する投稿は控えたほうがよいでしょう。

書いてあることが難しいなと感じたら第2部から読み始めましょう！

Case 04

あいつは北朝鮮のスパイだ

Question

　私は野党の一つであるY党の支持者です。ここ数年、与党に所属する政治家のXが北朝鮮をたびたび訪れているとの情報を入手しました。あと数か月ほどすれば衆議院議員選挙がはじまりますし、私がこの事実を公表すれば、Xが落選し、Y党の政治家が当選する可能性が高まると思いました。そこで、私は、Twitterに、「Xは北朝鮮のスパイだ。そうでなければここ数年の訪朝回数を合理的に説明できない。」と投稿しました。私が何か法的な責任に問われる可能性はありますか。

Answer

　名誉を毀損したとして、民事責任や刑事責任を追及される可能性があります。

裁判になったら… **70%** くらいの確率で **被害者**が**勝訴**すると思います。

33

Case 04 あいつは北朝鮮のスパイだ
解 説

04【法律解説】スパイを見つけたんだけど……

kubota

(1) 民事責任

　名誉毀損を理由とする不法行為に基づく損害賠償の成立要件は 220 頁以下に記載の通り、①名誉権侵害、②故意・過失、③損害、④因果関係です。

　国会議員には、国のために全力で職務にあたることが期待されています。そんな国会議員であるＸが朝鮮のスパイである

とする今回の投稿は、Xが国に対する背信行為をおこなった結果として職務を全うしていないとの印象を一般人に抱かせるものですから、Xの社会的評価を低下させます。したがって、Xの名誉権が侵害されているといえます。

投稿者は、今回の投稿によりXの社会的評価が下がる可能性があることを知りつつ今回の投稿をおこなっていることから、結果発生を認識・認容していたといえます。したがって、故意の要件を満たします。

Xは精神的苦痛を受け、慰謝料等の損害が発生しています。

今回の投稿行為と損害との間には因果関係が認められます。

というわけで、不法行為が成立し、投稿者はXに対して損害賠償責任を負います。しかし、投稿者が真実性の抗弁や相当性の抗弁を主張し、証明に成功した場合には、投稿者はXに対する損害賠償責任を免れます。とはいえ、国会議員が他国のスパイであることの証明は困難を極めるでしょう。

◉ （2）刑事責任

名誉毀損罪の成立要件は230頁以下に記載の通り、①公然性、②事実の摘示、③名誉の毀損です。

Twitterでの投稿内容は原則として誰でも見ることができますので、不特定かつ多数人が今回の投稿を見ることのできる状態においています。そのため、公然性の要件を満たします。

投稿者は、Xが北朝鮮のスパイだという事実を摘示しています。

今回の投稿によりXの社会的評価を低下させることは既に検討した通りです。

というわけで、名誉毀損罪が成立します。しかし、投稿者が真実性の証明に成功した場合には、今回の投稿に犯罪が成立しません。とはいえ、国会議員が他国のスパイであることの証明は困難を極めるでしょう。

（3）裁判例

大阪地裁平成13年7月16日判決は、"大学の副学長が北朝鮮の大物スパイである"などと指摘する週刊誌記事が同副学長の名誉を毀損するとして、300万円の損害賠償請求を認めました。もっとも、記事が掲載されてから2年が経過し、政治情勢が変化することにより読者の関心が薄れていることや、損害賠償請求の認容により原告らの損害が相当程度回復されることなどから謝罪広告の掲載については認めませんでした。

（4）アドバイス

「スパイだ」という投稿に限らず職務を怠っていることを意味するような投稿は控えるべきでしょう。もしどうしても投稿

したいということであれば、根拠となる証拠をしっかりと揃えてからにしましょう。

また、上記裁判例において記事掲載からの期間の経過が考慮されていることから、名誉を毀損された被害者の方が加害者に謝罪広告の掲載を求める場合には、速やかに訴訟を提起することが重要になります。

case 04 ● あいつは北朝鮮のスパイだ

法律は理解して覚えることが大事です。

Case 05. あのボクシングの試合は八百長だ

Question

　私は若い頃にボクシングをやっており、プロライセンスを取得しましたが、ケガをしてしまい世界王者の夢を断念しました。最近、世界王者のタイトル戦がおこなわれ、X選手が勝ちました。しかし、あのタイトル戦では相手であるY選手がほとんど有効な攻撃をおこなっていませんでした。Y選手は普段は攻撃重視のスタイルなので、明らかにおかしいです。こんな試合で私の夢であった世界王者のタイトルを獲得することに私は怒りを覚えました。そこで、私は、Twitterに、「XとYのタイトル戦は八百長だ。どうせXがYに対して金を渡したんだろ。」と投稿しました。私が何か法的な責任に問われる可能性はありますか。

Answer

　名誉を毀損したとして、民事責任や刑事責任を追及される可能性があります。

裁判になったら…

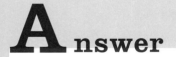

くらいの確率で
被害者が**勝訴**すると思います。

39

Case 05 あのボクシングの試合は八百長だ
解 説

05【法律解説】八百長ってバレバレなのに言ったらいけない？

kubota

(1) 民事責任

　名誉毀損を理由とする不法行為に基づく損害賠償の成立要件は 220 頁以下に記載の通り、①名誉権侵害、②故意・過失、③損害、④因果関係です。

　八百長という言葉は、前もって勝負を打ち合わせたうわべだけのいんちきな勝負であることを意味します。真剣勝負を重ん

じるプロスポーツ選手である X が八百長をしたとの投稿は、恥ずべき社会的非難に値する行為をしたものとして一般に受け取られることで、X の社会的評価を低下させます。したがって、X の名誉権が侵害されているといえます。

投稿者は、今回の投稿により X の社会的評価が下がる可能性があることを知りつつ今回の投稿をおこなっていることから、結果発生を認識・認容していたといえます。したがって、故意の要件を満たします。

X は精神的苦痛を受け、慰謝料等の損害が発生しています。

今回の投稿行為と損害との間には因果関係が認められます。

というわけで、不法行為が成立し、投稿者は X に対して損害賠償責任を負います。しかし、投稿者が真実性の抗弁や相当性の抗弁を主張し、証明に成功した場合には、投稿者は X に対する損害賠償責任を免れます。

◉ （2）刑 事 責 任

名誉毀損罪の成立要件は 230 頁以下に記載の通り、①公然性、②事実の摘示、③名誉の毀損です。

Twitter での投稿内容は原則として誰でも見ることができますので、不特定かつ多数人が今回の投稿を見ることのできる状態においています。そのため、公然性の要件を満たします。

投稿者は、X が八百長をしたという事実を摘示しています。

今回の投稿によりXの社会的評価を低下させることは既に検討した通りです。

　というわけで、名誉毀損罪が成立します。しかし、投稿者が真実性の証明に成功した場合には、今回の投稿に犯罪が成立しません。

■◉（3）裁判例

　東京高裁平成22年3月17日判決は、大相撲の元横綱が"過去に八百長をしていた"との週刊誌の記事が元横綱の名誉を毀損するとして、300万円の損害賠償請求を認めました。また、同記事が日本相撲協会の名誉をも毀損するとして、110万円の損害賠償請求を認めました。

　東京地裁平成21年11月9日判決は、"日本相撲協会の理事長が親方に対して八百長の仲介を指示したり、理事長が八百長をさせるかどうかの決定権を持っている"などの週刊誌の記事が理事長の名誉を毀損するとして、330万円の損害賠償請求を認めました。また、同記事が日本相撲協会の名誉をも毀損するとして、55万円の損害賠償請求を認めました。

◉（4）アドバイス

　プロレスや大相撲の試合では、しばしば八百長であると指摘されることがありますが、八百長であるとの投稿は真実性の証明等に成功しない限り法的責任を伴いますし、その証明はなかなかに困難ですので十分に気をつけましょう。

　なお、今回のケースではＸに対する責任と同様にＹに対する責任も発生します。

Case

06. あいつは詐欺商材を販売している

Question

　私は、去年の 10 月頃、「1 日 10 分の投資で資産を 100 倍にするメソッド」という情報商材を X から購入しました。私は X が紹介するメソッドを用いれば自分も X のような大金持ちになれると信じていました。しかし、このメソッドを実行してわずか 3 か月で私の貯金は底をつきました。私はだまされたと考え、X について調べたところ、X は SNS 上でお金持ちのフリをしているだけで、実際には情報商材の収益で自転車操業をしているだけとの情報を発見しました。それを見て私は悔しくなり、Twitter に「X の情報商材で稼げると信じた自分がバカだった。X は詐欺商材を販売しているだけの詐欺師なのだから。」と投稿しました。私が何か法的な責任に問われる可能性はありますか。

Answer

　名誉毀損や業務妨害をしたとして、民事責任や刑事責任を追及される可能性があります。

裁判になったら…

65%

くらいの確率で
被害者が**勝訴**すると思います。

45

Case 06 あいつは詐欺商材を販売している
解 説

▶ (1) 民事責任

　名誉毀損を理由とする不法行為に基づく損害賠償の成立要件は 220 頁以下に記載の通り、①名誉権侵害、②故意・過失、③損害、④因果関係です。

　X は詐欺商材を販売しているだけの詐欺師なのだからという投稿は、X が詐欺という犯罪行為をしているという事実を摘示

第1部　こんな投稿大丈夫？―事例編

するものですので、Xの社会的評価を低下させます。したがって、Xの名誉権が侵害されているといえます。

　投稿者は、今回の投稿によりXの社会的評価が下がる可能性があることを知りつつ今回の投稿をおこなっていることから、結果発生を認識・認容していたといえます。したがって、故意の要件を満たします。

　Xは精神的苦痛を受け、慰謝料等の損害が発生しています。また、営業損害が発生している可能性があります。

　今回の投稿行為と損害との間には因果関係が認められます。

　というわけで、不法行為が成立し、投稿者はXに対して損害賠償責任を負います。しかし、投稿者が真実性の抗弁や相当性の抗弁を主張し、証明に成功した場合には、投稿者はXに対する損害賠償責任を免れます。

　また、業務妨害による不法行為が成立する可能性があります。

（2）刑事責任

　名誉毀損罪の成立要件は230頁以下に記載の通り、①公然性、②事実の摘示、③名誉の毀損です。

　Twitterでの投稿内容は原則として誰でも見ることができますので、不特定かつ多数人が今回の投稿を見ることのできる状態においています。そのため、公然性の要件を満たします。

　投稿者は、Xが詐欺行為をしているという事実を摘示してい

case 06　あいつは詐欺商材を販売している

47

ます。

　今回の投稿により X の社会的評価を低下させることは既に検討した通りです。

　というわけで、名誉毀損罪が成立します。しかし、投稿者が真実性の証明に成功した場合には、今回の投稿に犯罪が成立しません。今回の投稿は、公訴が提起されるに至っていない人の犯罪行為に関する事実ですので、真実性の証明にあたって事実の公共性の要件を満たす必要はありません。

　また、X が詐欺をしていないということになれば、偽計業務妨害罪が成立します。

▶ （3）裁 判 例

　仙台高裁平成 10 年 6 月 26 日判決は、不動産業者が"詐欺罪および宅地建物取引業法違反の疑いで書類送検され、犯罪事実が取調べによってそれなりに裏付けられ、容疑が濃厚となっている"ことを強く印象付ける報道記事が原告の名誉を毀損するとして、50 万円の損害賠償請求を認めました。

　大阪地裁平成 22 年 10 月 19 日判決は、大手芸能事務所所属の大物漫才師が"脅迫状事件について警察から事情聴取を受け、今後取調べおよび立件が予定されている"との新聞の記事が原告の名誉を毀損するとして、250 万円の損害賠償請求を認めました。

東京地裁平成21年4月15日判決は、著名な陸上競技選手が"詐欺の片棒を担いだと告訴されるメダリストX"と記載された中吊り広告見出しおよび新聞広告見出しが同選手の名誉を毀損するとして、220万円の損害賠償請求を認めました。しかし、同判決は、見出しを見ただけの者に対する影響は一過性であること、見出し自体が中吊り広告および新聞広告の中では目立つものではなかったことなどを考慮した上で、謝罪広告の掲載については認めませんでした。

◉ (4) アドバイス

他人の犯罪事実に関する投稿は名誉毀損となりやすいです。上記大阪地裁判決は新聞記事の発表前に複数の新聞・雑誌により脅迫状事件が報じられていたことを踏まえてもなお不法行為を認めています。テレビや新聞が既に報じているというだけで他人の犯罪事実に関する投稿を安易におこなうのはお勧めできません。今回のケースで行動を起こすのであれば、警察や検察などの捜査機関に情報を提供すべきでしょう。

Case

07. あの園長は園児を虐待している

Question

　私の息子はY幼稚園に通っています。幼稚園のママ友から聞いた話なのですが、Y幼稚園の園長であるXは園児を虐待しているようです。昨日、幼稚園から帰宅した息子の脚にあざができていました。私はあざについて息子に尋ねましたが息子は何も言いませんでした。私は、息子が園長に虐待されたに違いないと考え、Facebookに息子の脚のあざの写真とともに「これがY幼稚園の真実です。Y幼稚園のXは園児に対して虐待をしています。」と投稿しました。私が何か法的な責任に問われる可能性はありますか。

Answer

　XやYの名誉を毀損したとして、民事責任や刑事責任を追及される可能性があります。

裁判になったら…**80%**くらいの確率で**被害者**が**勝訴**すると思います。

Case 07 あの園長は園児を虐待している
解 説

◉（1）民事責任

　名誉毀損を理由とする不法行為に基づく損害賠償の成立要件は220頁以下に記載の通り、①名誉権侵害、②故意・過失、③損害、④因果関係です。

　幼稚園の園長であるXが園児を虐待しているという投稿は、Xが教育者としてあるまじき行為をしていることを意味し、X

は園長にふさわしくないとの印象を与えますので、Xの社会的評価を低下させます。したがって、Xの名誉権が侵害されているといえます。

投稿者は、今回の投稿によりXの社会的評価が下がる可能性があることを知りつつ今回の投稿をおこなっていることから、結果発生を認識・認容していたといえます。したがって、故意の要件を満たします。

Xは精神的苦痛を受け、慰謝料等の損害が発生しています。

今回の投稿行為と損害との間には因果関係が認められます。

というわけで、不法行為が成立し、投稿者はXに対して損害賠償責任を負います。しかし、投稿者が真実性の抗弁や相当性の抗弁を主張し、証明に成功した場合には、投稿者はXに対する損害賠償責任を免れます。

◉（2）刑事責任

名誉毀損罪の成立要件は230頁以下に記載の通り、①公然性、②事実の摘示、③名誉の毀損です。

Facebookでの投稿内容は原則として誰でも見ることができますので、不特定かつ多数人が今回の投稿を見ることのできる状態においています。そのため、公然性の要件を満たします。

投稿者は、Xが園児に虐待をしているという事実を摘示しています。

今回の投稿によりXの社会的評価を低下させることは既に検討した通りです。

というわけで、名誉毀損罪が成立します。しかし、投稿者が真実性の証明に成功した場合には、今回の投稿に犯罪が成立しません。今回の投稿は、虐待の内容によっては公訴が提起されるに至っていない人の犯罪行為に関する事実として、真実性の証明にあたって事実の公共性の要件を満たす必要がなくなる可能性があります。

（3）裁判例

東京地裁平成26年9月26日判決は、"幼稚園において園児を虐待している"との週刊誌の記事が同幼稚園の職員の名誉を毀損するとして、165万円の損害賠償請求を認めました。また、同判決は、学校法人が虐待をするような職員を勤務させているとの印象を与えるものであり、学校法人の名誉をも毀損するとして、550万円の損害賠償請求を認めました。

（4）アドバイス

虐待しているという投稿だけでなく、虐待している職員を勤務させているとの印象を与える点で学校法人に対する名誉毀損も認められ得る点が重要です。たとえば、「こんな犯罪をする

ような人を勤務させている会社ってどうなの？」というような投稿も危険ですね。

case 07 ● あの園長は園児を虐待している

法律を学びはじめて10年以上経ちますが、未だにわからないことが多いです。だから、わからなくても落ち込まないで！

Case 08 あの子は現在不倫中だ

Question

　私は 3 年前に Y と結婚しました。最近 Y の帰りが遅いので、こっそり Y の携帯電話をのぞいたところ、私の友達である X との濃厚なやりとりを発見しました。私は、X のことがどうしても許せなくなり、Twitter に、「X の不倫によって私は深い傷を負いました。もう X とは絶交します。」と投稿しました。私が何か法的な責任に問われる可能性はありますか。

Answer

　名誉を毀損したとして、民事責任や刑事責任を追及される可能性があるほか、プライバシーを侵害したとして民事責任を追及される可能性があります。

裁判になったら…

95%

くらいの確率で
被害者 が 勝訴 すると思います。

Case 08 あの子は現在不倫中だ
解 説

● (1) 民事責任

　名誉毀損を理由とする不法行為に基づく損害賠償の成立要件は220頁以下に記載の通り、①名誉権侵害、②故意・過失、③損害、④因果関係です。

　不倫をしているという事実は、不法行為に該当する違法でかつ反社会的な行為をしているという意味を持ちます。そのため、

Xが不倫していることを示す今回の投稿は、Xの社会的評価を低下させます。したがって、Xの名誉権が侵害されているといえます。

投稿者は、今回の投稿によりXの社会的評価が下がる可能性があることを知りつつ今回の投稿をおこなっていることから、結果発生を認識・認容していたといえます。したがって、故意の要件を満たします。

今回の投稿行為と損害との間には因果関係が認められます。

というわけで、不法行為が成立し、投稿者はXに対して損害賠償責任を負います。しかし、投稿者が真実性の抗弁や相当性の抗弁を主張し、証明に成功した場合には、投稿者はXに対する損害賠償責任を免れます。

また、今回の投稿は、不倫をしているという一般に知られたくない事柄を公表していることから、プライバシー権侵害による不法行為も成立します。なお、プライバシー権侵害による不法行為に関しては、真実性の抗弁や相当性の抗弁をもって責任を免れることができません。

◉（2）刑事責任

名誉毀損罪の成立要件は230頁以下に記載の通り、①公然性、②事実の摘示、③名誉の毀損です。

Twitterでの投稿内容は原則として誰でも見ることができま

すので、不特定かつ多数人が今回の投稿を見ることのできる状態においています。そのため、公然性の要件を満たします。

投稿者は、Xが不倫をしているという事実を摘示しています。

今回の投稿によりXの社会的評価を低下させることは既に検討した通りです。

というわけで、名誉毀損罪が成立します。投稿者が真実性の証明に成功した場合には、今回の投稿に犯罪が成立しませんが、Xが不倫をしているという投稿は全くもって私的な事柄ですので、事実の公共性の要件や目的の公益性の要件を満たすのが難しいでしょう。

◉（3）裁判例

東京地裁平成22年3月29日判決は、法律事務所の共同経営をしていた弁護士の一人が、"もう一人の弁護士が事務所の事務員と不倫をしている"といった文書を多数人に送付したり告げ回ったりしたことがもう一人の弁護士の名誉を毀損するとして、30万円の損害賠償請求を認めました。

◉（4）アドバイス

不倫に限らず人に知られたくない事実を暴露する投稿は、名誉毀損やプライバシーの問題を生じさせやすいです。

第1部　こんな投稿大丈夫？―事例編

Column ● 不倫報道と法的責任

　誰と誰が不倫しているとの週刊誌の暴露記事やニュース報道を
よく見かけます。

　このような記事や報道にも今回のケースと同じように法的な責
任が発生します。しかし、週刊誌やTV局が実際に法的責任を問
われるケースはそれほど多くはありません。

　その理由は、①訴訟提起や告訴をすることにより不倫したとの
事実がさらに広まってしまうおそれがあること、②訴訟提起や告
訴をすることにより反省していないとみられるおそれがあること
などを挙げることができるでしょう。

　とはいえ、法的責任がないというわけではありませんので、み
なさんがSNS投稿をする際にはお気をつけください。

Case 09. あの論文の実験データはねつ造だ

Question

　私は趣味で物理学を研究しています。最近発表された X 教授の物理学に関する論文は、私の研究結果と相反するものでした。私の長年の研究結果が間違っているはずがありません。そこで、同論文をむさぼるように読み進めました。そうするうちに、同論文中の実験データに違和感を覚えました。実験データがねつ造であればすべての辻褄が合います。そこで、私は、Facebook に、友人にのみ公開する設定で、「最近発表された X 教授の論文の実験データはねつ造です。情けない。」と投稿しました。私が何か法的な責任に問われる可能性はありますか。

Answer

　名誉を毀損したとして、民事責任や刑事責任を追及される可能性があります。

裁判になったら… **50%** くらいの確率で **被害者** が **勝訴** すると思います。

Case 09. あの論文の実験データはねつ造だ
解 説

09【法律解説】「ウソを暴く」にはリスクが伴う……

kubota

（1）民事責任

　名誉毀損を理由とする不法行為に基づく損害賠償の成立要件は 220 頁以下に記載の通り、①名誉権侵害、②故意・過失、③損害、④因果関係です。

　大学教授をはじめとする研究者の論文は一般社会において最も正確性の求められる文書の一つです。そんな文書の中にねつ

造した実験データを掲載することは、研究者として失格であるとの烙印を押させるのに十分な事実です。そのため、論文にねつ造した実験データを掲載したとの事実を指摘する今回の投稿は、Xの社会的評価を低下させます。したがって、Xの名誉権が侵害されているといえます。

投稿者は、今回の投稿によりXの社会的評価が下がる可能性があることを知りつつ今回の投稿をおこなっていることから、結果発生を認識・認容していたといえます。したがって、故意の要件を満たします。

今回の投稿行為と損害との間には因果関係が認められます。

というわけで、不法行為が成立し、投稿者はXに対して損害賠償責任を負います。ただし、今回の投稿の公開範囲が友人のみですので、公開範囲を制限しなかった場合よりも損害額は小さくなるでしょう。また、投稿者が真実性の抗弁や相当性の抗弁を主張し、証明に成功した場合には、投稿者はXに対する損害賠償責任を免れます。

◉（2）刑事責任

名誉毀損罪の成立要件は230頁以下に記載の通り、①公然性、②事実の摘示、③名誉の毀損です。

今回の投稿の公開範囲は友達のみであり、特定の人しか閲覧することができません。しかし、投稿者のFacebook上の友達

が多ければ多数人が今回の投稿を見ることのできる状態におい
たことになり、公然性の要件を満たします。また、投稿者の
Facebook 上の友達が少なくても、投稿者の投稿から事実が拡
散する可能性がありますので、公然性の要件を満たします。

　投稿者は、X の論文の実験データがねつ造であるという事実
を摘示しています。

　今回の投稿により X の社会的評価を低下させることは既に
検討した通りです。

　というわけで、名誉毀損罪が成立します。しかし、投稿者が
真実性の証明に成功した場合には、今回の投稿に犯罪が成立し
ません。

◎（3）裁判例

　大分地裁平成 15 年 5 月 15 日判決は、著名な大学の名誉教
授が " 洞窟の遺跡調査においてねつ造に関与した疑いがある "
との印象を与える週刊誌の記事が同教授の名誉を毀損するとし
て、600 万円の損害賠償請求を認めました。また、同判決にお
いて被告が出版する週刊誌の誌上に謝罪広告の掲載が命じられ
ました。

　仙台地裁平成 25 年 8 月 29 日判決は、国立大学法人の学長
であった研究者が " 過去に発表した論文にねつ造ないしは改ざ
んがあるとして、同学長を告発する旨の文章をホームページに

掲載したこと"が、同学長の名誉を毀損するとして110万円の損害賠償請求を認めました。

（4）アドバイス

ねつ造や改ざんに限らず、不正行為があったこと旨の投稿は名誉を毀損する可能性が高いです。このような投稿に対しては、名誉を少しでも回復するために法的措置をとることも少なくないでしょう。

Column ● 限定公開や友達にのみ公開の設定でも"公然"なの?

Twitterにはフォロワーだけに投稿内容を公開する限定公開という設定が、Facebookには友達にのみ投稿内容を公開する公開範囲の設定があります。これらの設定を用いて少数の者にしか投稿内容を閲覧できないようにした場合、特定かつ少数の人が認識できるに過ぎないため、公然性の要件を満たさないようにも思えます。

しかし、判例は、特定かつ少数の人しか認識できない場合であっても、そこから不特定または多数人に伝播する（＝広がる）可能性がある場合には公然性の要件を満たすとします。こうした考え方を伝播性の理論といいます。

Case 10. あのカジノのディーラーはイカサマディーラーだ

Question

　私は、年に数回、海外のカジノに行って賭け事を楽しみます。先週、シンガポールのYというカジノに行き、ブラックジャックをしたのですが、私の掛け金が大きいときにだけ負けるという奇妙な出来事が起こりました。他のカジノでは、私の掛け金が大きいときでも勝つことはあったので、私は今回のカジノのディーラーであるXがイカサマをしていることを確信しました。そこで、私は、Twitterに、「シンガポールのYというカジノのディーラーXはイカサマをしている。Yには絶対に行かない方がいい。」と投稿しました。私が何か法的な責任に問われる可能性はありますか。

Answer

　XやYの名誉を毀損したとして、民事責任や刑事責任を追及される可能性があります。

裁判になったら…

65%

くらいの確率で
被害者 が **勝訴** すると思います。

Case 10

あのカジノのディーラーはイカサマディーラーだ
解 説

10【法律解説】怒っても「イカサマだ!」なんて言わないのが正解

kubota

(1) 民事責任

　名誉毀損を理由とする不法行為に基づく損害賠償の成立要件は 220 頁以下に記載の通り、①名誉権侵害、②故意・過失、③損害、④因果関係です。

　カジノでの勝負は客の金銭の得喪に直結しますので、勝負の場を仕切るディーラーには公正さが強く求められます。そのた

め、ディーラーが公正にゲームを進めているかどうかは、ディーラーの社会的評価に影響を及ぼします。ゆえに、ディーラーであるXがイカサマをしているという投稿は、Xが不公正な方法でゲームを進めていることを意味し、Xの社会的評価を低下させます。したがって、Xの名誉権が侵害されているといえます。

投稿者は、今回の投稿によりXの社会的評価が下がる可能性があることを知りつつ今回の投稿をおこなっていることから、結果発生を認識・認容していたといえます。したがって、故意の要件を満たします。

Xは精神的苦痛を受け、慰謝料等の損害が発生しています。

今回の投稿行為と損害との間には因果関係が認められます。

というわけで、不法行為が成立し、投稿者はXに対して損害賠償責任を負います。しかし、投稿者が真実性の抗弁や相当性の抗弁を主張し、証明に成功した場合には、投稿者はXに対する損害賠償責任を免れます。

◎（2）刑事責任

名誉毀損罪の成立要件は230頁以下に記載の通り、①公然性、②事実の摘示、③名誉の毀損です。

Twitterでの投稿内容は原則として誰でも見ることができますので、不特定かつ多数人が今回の投稿を見ることのできる状

態においています。そのため、公然性の要件を満たします。

　投稿者は、ディーラーであるＸがイカサマをしているという事実を摘示しています。

　今回の投稿によりＸの社会的評価を低下させることは既に検討した通りです。

　というわけで、名誉毀損罪が成立します。しかし、投稿者が真実性の証明に成功した場合には、今回の投稿に犯罪が成立しません。

（3）裁判例

　東京地裁平成16年3月22日判決は、"組織的インチキ表示発覚"との大見出しのもとで宝石鑑定会社の"ダイヤモンド鑑定書がインチキである"とする週刊誌記事が宝石鑑定会社の名誉を毀損するとして、330万円の損害賠償請求を認めました。また、同判決において、被告が出版する週刊誌の誌上に謝罪広告の掲載が命じられました。

（4）アドバイス

　プロとして業務をおこなっている者に対して、「不正」「インチキ」「イカサマ」などといった投稿をすることはその者の名誉を毀損することが多いでしょう。それだけでなく、場合によっ

ては業務妨害等の法的責任も発生します。

case **10** ● あのカジノのディーラーはイカサマディーラーだ

そろそろ名誉毀損の判断の仕方がわかってきたのではないでしょうか。わかってきたという方は、是非、解説を見ずに判断してみてください。そして、その結果と解説とを比べてみましょう。いいトレーニングになりますよ！

73

Case

11. あの報道は事実無根の虚偽報道だ

Question

　私は火力発電所で定年まで働き、現在は余生を満喫しています。私は、地球温暖化の原因は二酸化炭素の排出量の増加にあるのではなく、太陽活動の活発化によるものではないかと考えております。昨日、Xというテレビ番組制作会社が制作した"地球温暖化の原因に迫る"という番組を見ていたら、地球温暖化の原因が二酸化炭素の排出量の増加にあると結論づけていました。私は、このような報道は誤解を広めるだけだと考え、Twitterに、「昨日のX社の虚偽情報だらけのテレビ番組はひどかった。こんな番組をつくるならやめちまえ。」と投稿しました。私が何か法的な責任に問われる可能性はありますか。

Answer

　名誉を毀損したとして、民事責任や刑事責任を追及される可能性があります。

裁判になったら…

65%

くらいの確率で
被害者が**勝訴**すると思います。

Case 11. あの報道は事実無根の虚偽報道だ
解 説

(1) 民事責任

　名誉毀損を理由とする不法行為に基づく損害賠償の成立要件は 220 頁以下に記載の通り、①名誉権侵害、②故意・過失、③損害、④因果関係です。
　テレビ番組は、今でも多くのさまざまな目的のために視聴されています。中には、貴重な情報源として視聴している方も少

なくはありません。そんなテレビ番組が虚偽の情報を報道して
いることになれば、その番組の制作会社の信用を失わせます。
そのため、X社の制作したテレビ番組が虚偽情報だらけという
今回の投稿は、Xの社会的評価を低下させます。したがって、
Xの名誉権が侵害されているといえます。

　投稿者は、今回の投稿によりXの社会的評価が下がる可能
性があることを知りつつ今回の投稿をおこなっていることか
ら、結果発生を認識・認容していたといえます。したがって、
故意の要件を満たします。

　Xには無形の損害が発生しています。

　今回の投稿行為と損害との間には因果関係が認められます。

　というわけで、不法行為が成立し、投稿者はXに対して損
害賠償責任を負います。しかし、投稿者が真実性の抗弁や相当
性の抗弁を主張し、証明に成功した場合には、投稿者はXに
対する損害賠償責任を免れます。

◉（2）刑事責任

　名誉毀損罪の成立要件は230頁以下に記載の通り、①公然
性、②事実の摘示、③名誉の毀損です。

　Twitterでの投稿内容は原則として誰でも見ることができま
すので、不特定かつ多数人が今回の投稿を見ることのできる状
態においています。そのため、公然性の要件を満たします。

投稿者は、番組制作会社であるXが虚偽情報だらけの番組を制作しているという事実を摘示しています。

今回の投稿によりXの社会的評価を低下させることは既に検討した通りです。

というわけで、名誉毀損罪が成立します。しかし、投稿者が真実性の証明に成功した場合には、今回の投稿に犯罪が成立しません。

（3）裁判例

東京地裁平成20年12月12日判決は、"テレビ番組の放送内容が虚偽情報である"とする新聞記事が番組制作会社の名誉を毀損するとして、275万円の損害賠償請求を認めました。しかし、損害の賠償とともに謝罪広告を掲載することが、原告の名誉を回復するのに適当であると認めるに足りる立証はないとして、謝罪広告の掲載については認めませんでした。

（4）アドバイス

今回の投稿は会社に対するものでしたが、個人に対して「あいつはウソをついている」などの投稿をすることもその人の名誉を毀損しかねませんのでご注意ください。

Column ●無形の損害って?

　無形の損害というのは、損害の量を金銭的に見積もることが不可能な損害をいいます。損害については大きく、"車が壊された""ケガをした"場合などの財産的損害と"精神的に苦痛を受けた"場合などの精神的損害に分けられます。無形の損害は、このうちの精神的損害と同じ意味で用いられます。法人の場合には普通の人と同じような精神を持つわけではありませんので、法人の財産的損害以外の損害を無形の損害と呼ぶことが多いです。

はじめて見る単語が多いかもしれませんが、わからない単語が出てくるたびに調べながら前進していきましょう!

Case 12 ▶ あの作品は盗作だ

Question

　私はデザイナーとして企業のロゴなどを制作しています。先日、とある有名企業の企業ロゴが変更されたので、デザインの勉強がてらその企業のホームページをのぞいてみたところ、その企業のロゴは以前私が制作して公表したロゴに酷似していました。調べたところ、その企業のロゴは超有名デザイナーである X が制作したようです。私は、X と連絡を取ろうとしましたが、X からは返答がありませんでした。怒った私は、Twitter に、「超有名デザイナーの X ともあろうお方が私の作品を盗んで盗作ロゴを納品ですか。いい御身分ですね。」と投稿しました。私が何か法的な責任に問われる可能性はありますか。

Answer

　名誉を毀損したとして、民事責任や刑事責任を追及される可能性があります。

裁判になったら…

70%

くらいの確率で

被害者 が **勝訴** すると思います。

Case 12 あの作品は盗作だ
解 説

▶（1）民事責任

　名誉毀損を理由とする不法行為に基づく損害賠償の成立要件は220頁以下に記載の通り、①名誉権侵害、②故意・過失、③損害、④因果関係です。

　Xが投稿者の作品を盗んだという事実は、Xが投稿者の著作権を侵害したということを意味することから、今回の投稿はX

の社会的評価を低下させます。したがって、Xの名誉権が侵害されているといえます。

投稿者は、今回の投稿によりXの社会的評価が下がる可能性があることを知りつつ今回の投稿をおこなっていることから、結果発生を認識・認容していたといえます。したがって、故意の要件を満たします。

Xは精神的苦痛を受け、慰謝料等の損害が発生しています。

また、営業損害が発生している可能性があります。

今回の投稿行為と損害との間には因果関係が認められます。

というわけで、不法行為が成立し、投稿者はXに対して損害賠償責任を負います。しかし、投稿者が真実性の抗弁や相当性の抗弁を主張し、証明に成功した場合には、投稿者はXに対する損害賠償責任を免れます。

◉ （2）刑事責任

名誉毀損罪の成立要件は230頁以下に記載の通り、①公然性、②事実の摘示、③名誉の毀損です。

Twitterでの投稿内容は原則として誰でも見ることができますので、不特定かつ多数人が今回の投稿を見ることのできる状態においています。そのため、公然性の要件を満たします。

投稿者は、Xが投稿者の作品を盗んだという事実を摘示しています。

今回の投稿により X の社会的評価を低下させることは既に検討した通りです。

　というわけで、名誉毀損罪が成立します。しかし、投稿者が真実性の証明に成功した場合には、今回の投稿に犯罪が成立しません。

◉（3）裁判例

　東京地裁平成 11 年 3 月 29 日判決は、"舞台装置およびその基礎となった作品について著作権侵害があったとの記者会見がおこなわれ、その会見の内容を伝える新聞記事" が劇団主催者および舞台装置の創作者の名誉を毀損したとして、それぞれ 40 万円の損害賠償を認めました。

◉（4）アドバイス

　「盗品だ」、「パクリだ」といった表現は SNS 上で見かけることがありますが、そのような投稿をする際には念入りに事実関係を調査して、法的責任を負う可能性もあることを覚悟しつつおこなうようにしましょう。

第1部　こんな投稿大丈夫？―事例編

Column ● **法律の考え方**

　本書で扱っているのは主に民法・刑法・著作権法の3つですが、民法と刑法でも考え方の異なる箇所があったりします。

　たとえば、法律上の「人」となるのは、民法では胎児が母体から体のすべてが露出されたときとの考えが一般的ですが、他方で刑法では体の一部が露出されたときとの考えが一般的です。

　このような違いは、胎児の体が一部露出した時点で犯罪行為から保護する必要があるのに対し、その時点で取引の主体としての地位を認める必要まではないという点にあります。

　法律の勉強を続けていると、法律的な物事の考え方が自然と身についてきます。あせらずに勉強を続けてみてくださいね。

case **12** ● あの作品は盗作だ

Case 13. あの病院は医療ミスを隠ぺいした

Question

　私は、病気で父を失いました。父は、重病を患い、大学病院Xに入院し手術をしたのですが、術後わずか10日でこの世を去りました。私は、手術日と死亡日が近いことから、父の死亡の原因は直接的には手術ミスにあるのではないかと考えています。ところで、昨日、私の友人がFacebookに、"X病院に入院しました。20日後に手術の予定です。つらいけど頑張ります！"と投稿していました。私は、居ても立っても居られなくなって、友人の投稿に対して、「X病院は手術ミスを隠ぺいしています。私の父もX病院のミスで亡くなりました。早く転院したほうがいい。」とコメントしました。私が何か法的な責任に問われる可能性はありますか。

Answer

　名誉を毀損したとして、民事責任や刑事責任を追及される可能性があります。

裁判になったら…**70%**くらいの確率で**被害者**が**勝訴**すると思います。

87

Case 13 あの病院は医療ミスを隠ぺいした
解 説

13【法律解説】プロの仕事に文句を言う場合は要注意！

kubota

(1) 民事責任

　名誉毀損を理由とする不法行為に基づく損害賠償の成立要件は 220 頁以下に記載の通り、①名誉権侵害、②故意・過失、③損害、④因果関係です。

　病院は手術ミスを隠ぺいしていたという情報は、手術ミスに対してその病院が真摯な姿勢で向き合っていないとの印象を与

えます。人の生命・健康に直結する病院において、ミスに対して真摯な姿勢で向き合っていないことは社会一般の信用を失墜させます。それゆえ、X病院が手術ミスを隠ぺいしているとの今回の投稿は、Xの社会的評価を低下させます。したがって、Xの名誉権が侵害されているといえます。

投稿者は、今回の投稿によりXの社会的評価が下がる可能性があることを知りつつ今回の投稿をおこなっていることから、結果発生を認識・認容していたといえます。したがって、故意の要件を満たします。

Xには無形の損害が発生しています。また、営業損害が発生している可能性があります。

今回の投稿行為と損害との間には因果関係が認められます。

というわけで、不法行為が成立し、投稿者はXに対して損害賠償責任を負います。しかし、投稿者が真実性の抗弁や相当性の抗弁を主張し、証明に成功した場合には、投稿者はXに対する損害賠償責任を免れます。

◉ （2）刑事責任

名誉毀損罪の成立要件は230頁以下に記載の通り、①公然性、②事実の摘示、③名誉の毀損です。

Facebookのコメントは原則として誰でも見ることができますので、不特定かつ多数人が今回の投稿を見ることのできる状

態においています。そのため、公然性の要件を満たします。

投稿者は、Xが手術ミスを隠ぺいしていたという事実を摘示しています。

今回の投稿によりXの社会的評価を低下させることは既に検討した通りです。

というわけで、名誉毀損罪が成立します。しかし、投稿者が真実性の証明に成功した場合には、今回の投稿に犯罪が成立しません。

◎（3）裁判例

東京高裁平成17年11月9日判決は、"大学病院の医師が手術ミスを犯し、その事実を他の医師らも隠蔽した"との、同病院の元医師による記者会見やテレビ出演時の発言が医師の名誉を毀損するとして、220万円の損害賠償請求を認めました。また、同発言が大学の名誉をも毀損するとして、330万円の損害賠償請求も認めています。

東京地裁平成19年9月18日判決は、大学病院の医師が"手術の際に心肺装置の吸引ポンプの回転数を上げすぎたことで患者の脳障害を引き起こし、その結果患者を死亡させた"という内容の新聞記事により医師の名誉が毀損されたとして、265万円の損害賠償請求を認めました。

◎（4）アドバイス

手術ミスは過失致傷罪などの犯罪にもなり得ます。そのため、SNS に手術ミスに関する投稿をするよりも、まずは捜査機関に捜査を委ねるべきではないでしょうか。

Case 14. あの英和辞典の例文は間違っている

Question

　私は英語の教師をしています。私は、教師であることを明かして、普段からTwitterで英語の勉強法など学生向けの投稿をしております。先日、TwitterのDMで"オススメの辞書を教えてください"という質問があったので、これからは書籍に関する情報も投稿していこうと決めました。私は、早速、「X社の英和辞典だけは使ってはならない。間違いだらけで使い物にならない。」と投稿しました。私が何か法的な責任に問われる可能性はありますか。

Answer

　名誉を毀損したとして、民事責任や刑事責任を追及される可能性があります。

裁判になったら…**50%**くらいの確率で**被害者**が**勝訴**すると思います。

Case 14. あの英和辞典の例文は間違っている
解説

● (1) 民事責任

　名誉毀損を理由とする不法行為に基づく損害賠償の成立要件は220頁以下に記載の通り、①名誉権侵害、②故意・過失、③損害、④因果関係です。

　辞書は、言葉の読み方、意義、語源、用語等を解説した書物であって、利用者は言葉の読み方等に関する知識を習得するに

あたって信頼のおける書物として繰り返し参照します。そのため、辞書の内容が誤っていることは利用者にとってほとんど考えられないことであって、誤っていることの指摘によりその辞書への信頼を著しくそこなわせます。そのため、英和辞典の内容が誤っているという今回の投稿は、Xの社会的評価を低下させます。したがって、Xの名誉権が侵害されているといえます。

投稿者は、今回の投稿によりXの社会的評価が下がる可能性があることを知りつつ今回の投稿をおこなっていることから、結果発生を認識・認容していたといえます。したがって、故意の要件を満たします。

Xには無形の損害が発生しています。また、営業損害が発生している可能性があります。

今回の投稿行為と損害との間には因果関係が認められます。

というわけで、不法行為が成立し、投稿者はXに対して損害賠償責任を負います。しかし、投稿者が真実性の抗弁や相当性の抗弁を主張し、証明に成功した場合には、投稿者はXに対する損害賠償責任を免れます。

◉ （2）刑事責任

名誉毀損罪の成立要件は230頁以下に記載の通り、①公然性、②事実の摘示、③名誉の毀損です。

Twitterでの投稿内容は原則として誰でも見ることができま

すので、不特定かつ多数人が今回の投稿を見ることのできる状態においています。そのため、公然性の要件を満たします。

投稿者は、X社の英和辞典が間違いだらけだという事実を摘示しています。

今回の投稿によりXの社会的評価を低下させることは既に検討した通りです。

というわけで、名誉毀損罪が成立します。しかし、投稿者が真実性の証明に成功した場合には、今回の投稿に犯罪が成立しません。

（3）裁判例

東京地裁平成8年2月28日判決は、"英和辞典等の誤り"などを指摘する書籍の出版により同英和辞典出版社の名誉が毀損されたとして、300万円の損害賠償請求を認めました。

（4）アドバイス

上記裁判例では、事実の公共性の要件や目的の公益性の要件は満たすと判断されましたが、主要な部分において真実であるとはいえないと判断しました。また、同裁判例は、英和辞典等の誤りを指摘する書籍が、英和辞典等が間違いだらけで使い物にならないこと、編纂者である英語学者と英文校閲者が無能で

あること、英和辞典等を絶版にすべきことなどについて執拗に記載していることをもって全体として論評としての域を逸脱するものと判断しています。

Column ● **間違いの指摘**

　今回のケースの結論は意外に思われた方もいらっしゃるかもしれません。気をつけていただきたいのは、他のケースよりも真実性の証明などの反論に成功しやすいと思われる点です。もう既にご存知の通り、こうした反論に成功した場合には法的責任を問われません。

　本来、誤植などの間違いを指摘したとしても裁判になることはほとんどありませんが、裁判例のケースは編纂者の能力不足などを指摘する部分が多かったので裁判にまで発展しました。

　以下、その一例を挙げてみます。

　「いつ、誰が、こんなめちゃくちゃな偽造をやったのか。偽造者はただちに出頭せよ。そして、日本国民すべてに、土下座して謝罪せよ。」

　「どこの馬の骨とも知れない英語学者が造文して、以来この文はいろんな辞書に掲載されている、情けないぐらいの日本英文である。文化勲章でも授与したいほどの、低劣な内容である。」

　裁判例のケースでも、真摯な指摘にとどまれば裁判になることはなかったのでしょうね。

Chapter 2

プライバシー関係

Case 15.

あいつは離婚したが そのことを隠している

Question

　私はジャーナリストです。とある信頼のおける情報筋から、愛妻家として人気を集めている俳優の X が実は既に離婚しているとの情報を入手しました。私は、この情報を Twitter 上に投稿すればどんどんリツイートされてフォロワーが一気に増えるかもしれないと考えました。そこで、私は、Twitter 上に、「実は俳優の X は数か月前に離婚している。離婚したことを公表しないのは、愛妻家の評判を傷つけたくないからだろう。」と投稿しました。私が何か法的な責任に問われる可能性はありますか。

Answer

　名誉を毀損したとして、民事責任や刑事責任を追及される可能性があります。

裁判になったら…

75%

くらいの確率で
被害者が**勝訴**すると思います。

101

Case 15 あいつは離婚したがそのことを隠している
解 説

▶ （1）民事責任

　名誉毀損を理由とする不法行為に基づく損害賠償の成立要件は 220 頁以下に記載の通り、①名誉権侵害、②故意・過失、③損害、④因果関係です。

　愛妻家として人気を集める俳優にとって、既に離婚し、その事実を隠しているという事実は、愛妻家というのは表向きだけ

で本当は妻を大事にしていないといった印象や大事なことを隠している点で不誠実であるとの印象を与えます。そのため、Xが既に離婚し、その事実を隠しているという今回の投稿は、Xの社会的評価を低下させます。したがって、Xの名誉権が侵害されているといえます。

投稿者は、今回の投稿によりXの社会的評価が下がる可能性があることを知りつつ今回の投稿をおこなっていることから、結果発生を認識・認容していたといえます。したがって、故意の要件を満たします。

Xは精神的苦痛を受け、慰謝料等の損害が発生しています。

今回の投稿行為と損害との間には因果関係が認められます。

というわけで、不法行為が成立し、投稿者はXに対して損害賠償責任を負います。しかし、投稿者が真実性の抗弁や相当性の抗弁を主張し、証明に成功した場合には、投稿者はXに対する損害賠償責任を免れます。

◉ (2) 刑事責任

名誉毀損罪の成立要件は230頁以下に記載の通り、①公然性、②事実の摘示、③名誉の毀損です。

Twitterでの投稿内容は原則として誰でも見ることができますので、不特定かつ多数人が今回の投稿を見ることのできる状態においています。そのため、公然性の要件を満たします。

投稿者は、Xが既に離婚し、その事実を隠しているという事実を摘示しています。

今回の投稿によりXの社会的評価を低下させることは既に検討した通りです。

というわけで、名誉毀損罪が成立します。しかし、投稿者が真実性の証明に成功した場合には、今回の投稿に犯罪が成立しません。

◎（3）裁判例

東京地裁平成25年12月24日判決は、女優が"その夫との間で離婚の危機にある"とする新聞記事により女優の名誉を毀損されたとして、220万円の損害賠償請求を認めました。

◎（4）アドバイス

上記裁判例は、離婚する夫婦が少なくない昨今の事情等を踏まえると、離婚に関する事実が直ちに当事者の社会的評価を低下させ得るものとまでは認めがたいとしております。しかしながら、婚姻後、円満な夫婦関係を維持継続しながら活動している女優として高い高感度を得ていることを考慮し、離婚の危機にあるとする新聞記事が女優の社会的評価を低下させるものであるとしております。このように、個別具体的な事情により、

第1部　こんな投稿大丈夫？──事例編

名誉毀損の成否が決まることもありますので、投稿にあたっては相手の属性にも気を払うようにしましょう。

なお、今回のような投稿は、人に知られたくない事実を公表するものとして、プライバシー権侵害による不法行為も成立することになります。

case 15 ● あいつは離婚したがそのことを隠している

疲れたら一旦休むことも大切ですよ！

105

Case

16. あいつの家には萌えグッズがある

Question

　私は大学2年生です。私は中学の時から野球部一筋でやってきました。もちろん、大学でも野球部に所属しています。大学の野球部にはXという嫌な先輩がいます。その先輩はいつもしつこく絡んでくるのですが、感情の起伏が激しくて、気に入らないことがあればすぐに怒鳴り散らします。昨日も怒鳴り散らされてもう限界です。そこで、私は、Twitterに、「〇〇大学3年のXは毎晩萌えアニメキャラクターの抱き枕を抱えこんで興奮してるみたいwwww キモッwwwww」と投稿しました。その際に、先輩が友人のみに表示される設定でFacebookに公開中の写真（自宅内で萌えアニメキャラクターが描かれた抱き枕を抱え込んでいる写真）をダウンロードして、上記投稿と同時に投稿しました。私が何か法的な責任に問われる可能性はありますか。

Answer

　プライバシーを侵害したとして、民事責任を追及される可能性があります。また、名誉を毀損したとして、民事責任や刑事責任を追及される可能性があります。

裁判になったら… **65%** くらいの確率で **被害者**が**勝訴**すると思います。

Case 16 あいつの家には萌えグッズがある
解 説

● (1) 民事責任

　プライバシー侵害を理由とする不法行為に基づく損害賠償の成立要件は235頁以下に記載の通り、①プライバシー権侵害、②故意・過失、③損害、④因果関係です。
　自宅内での写真は私生活上の事実です。そして、萌えアニメの抱き枕を抱え込んでいる様子は、一般人がXの立場に立っ

た場合公開を欲しないであろうと認められます。また、Xが自宅で萌えアニメの抱き枕を抱え込んでいることは、XのFacebook上の友達以外は知らないはずですし、Xは写真の公開を不快に感じるでしょう。したがって、プライバシー権を侵害しているといえます。

投稿者は、今回の投稿によりXのプライバシー権が侵害される可能性があることを知りつつ今回の投稿をおこなっていることから、結果発生を認識・認容していたといえます。したがって、故意の要件を満たします。

Xは精神的苦痛を受け、慰謝料等の損害が発生しています。

今回の投稿行為と損害との間には因果関係が認められます。

というわけで、不法行為が成立し、投稿者はXに対して損害賠償責任を負います。

◉ （2）裁判例

東京地裁平成17年10月27日判決は、新聞社の代表取締役会長が"自宅居室内にガウン姿でいる写真"を撮影しそれを週刊誌へ掲載したことがプライバシー権を侵害するとして、200万円の損害賠償請求を認めました。

◉（3）アドバイス

　自宅内の写真は私生活上の事実そのものです。他人が勝手に撮影・公開してよいものではありません。今回のように、自らその写真を SNS に投稿していても、転載することを認めているわけではありません。

　世間一般にいう「プライバシー」と法律上のプライバシー権の違いを考えてみてもいいかもしれませんね！

| Column | ● 行為の評価と損害賠償額 |

　今回のケースでは、プライバシー権侵害が生じていることを解説しました。

　また、アドバイスにおいて、著作権侵害が生じていることについて述べました。このように、Twitter への投稿という一つの行為が複数の権利侵害を生じさせている場合に、損害賠償の額はどうなるのでしょうか。

　実は、一つの行為が複数の権利侵害を生じさせていると評価される場合でも、損害賠償額への影響はさほど大きくありません。

　損害賠償額は法的にどれだけ悪いことをしたのかによって判断するのではなく、損害額と因果関係の有無によって判断されるので、権利侵害の個数自体は損害賠償額に直接は影響しないのです。もっとも、慰謝料額については最終的には裁判所がその裁量で決定することになりますので、その限りで権利侵害の個数が考慮される可能性があります。

Case

17. あいつは昔ダサかった

Question

私の同級生の X は、高校生の頃から人気 YouTuber として活躍しています。私は X と仲良くなりたかったのですが、X はあまり学校に来ておらず、仲良くなる機会がないまま高校を卒業してしまいました。それから数年たった今、X はますます人気者になりました。私は X が羨ましくて、嫉妬心も相まって、X にいたずらをしたくなりました。そこで、私は、Twitter に「これが X の高校時代の卒アルの写真です！」と X の卒業アルバムの写真とともに投稿しました。私が何か法的な責任に問われる可能性はありますか。

Answer

プライバシーを侵害したとして、民事責任を追及される可能性があります。

裁判になったら…

40%

くらいの確率で
被害者が**勝訴**すると思います。

Case 17. あいつは昔ダサかった
解 説

▶（1）民事責任

　プライバシー侵害を理由とする不法行為に基づく損害賠償の成立要件は235頁以下に記載の通り、①プライバシー権侵害、②故意・過失、③損害、④因果関係です。

　卒業アルバムの写真は過去の自分がどのような容ぼうをしていたかをあらわすものですので私生活上の事実です。そして、

有名人にとっては現在のイメージが浸透している中で過去の写真を公開されたくないと考えることも多いでしょうから、一般人がXの立場に立った場合卒業アルバムの写真の公開を欲しないであろうと認められます。そして、Xの卒業アルバムの写真はXやその同級生以外は知らないはずですし、Xは写真の公開を不快に感じるでしょう。したがって、プライバシー権を侵害しているといえます。

　投稿者は、今回の投稿によりXのプライバシー権が侵害される可能性があることを知りつつ今回の投稿をおこなっていることから、結果発生を認識・認容していたといえます。したがって、故意の要件を満たします。

　Xは精神的苦痛を受け、慰謝料等の損害が発生しています。

　今回の投稿行為と損害との間には因果関係が認められます。

　というわけで、不法行為が成立し、投稿者はXに対して損害賠償責任を負います。

（2）裁判例

　東京地裁平成25年4月26日判決は、女性芸能人らの"小学生から高校生時代の写真"を無断で雑誌に掲載したことが女性芸能人のプライバシーを侵害するとして、それぞれ20万円および40万円の損害賠償請求を認めました。

Case

18. あいつはあそこに住んでいる

Question

私は過去にアイドルとして活動しておりましたが、今はもう引退しました。誰にも話していませんが、実は私は既婚男性と不倫中です。彼は現在の奥さんであるXが家で何もしないことに不満を抱えており、「再来年にはXと離婚するから、そうすれば一緒になろう」と言ってくれています。私は、こんな素敵な彼が一生懸命尽くしているのに、家のことを何もせず怠けているXが憎いです。そこで、私は、Twitter上のファンに向けて「嫌いな人がいます。本名はX、年齢は30歳、住所は××県〇〇市△△、Xの親戚にYがいて、Z社を経営中。私にわかる情報はこれだけ。みなさんの力を貸してください！」と投稿しました。私が何か法的な責任に問われる可能性はありますか。

Answer

プライバシーを侵害したとして、民事責任を追及される可能性があります。

裁判になったら…
50%
くらいの確率で
被害者が**勝訴**すると思います。

Case 18 あいつはあそこに住んでいる
解 説

18【法律解説】愛人が「相手の家」を晒したらどうなる？

kubota

(1) 民事責任

　プライバシー侵害を理由とする不法行為に基づく損害賠償の成立要件は 235 頁以下に記載の通り、①プライバシー権侵害、②故意・過失、③損害、④因果関係です。

　個人の氏名や住所等の情報は、一定の範囲の人には公開されている情報ではありますが、一般に公開されることが予定され

ている情報ではないので、私生活上の事実であるということが可能です。そして、これらの情報が公開されることによって、他人が簡単にXにアクセスすることができるようになりますので、Xの立場に立った一般人はこれらの情報の公開を欲しないであろうと認められます。さらに、今回の投稿を閲覧する人はXの氏名や住所等の情報を知らなかったはずですし、Xはこれらの情報の公開を不快に感じるでしょう。したがって、プライバシー権を侵害しているといえます。

投稿者は、今回の投稿によりXのプライバシー権が侵害される可能性があることを知りつつ今回の投稿をおこなっていることから、結果発生を認識・認容していたといえます。したがって、故意の要件を満たします。

Xは精神的苦痛を受け、慰謝料等の損害が発生しています。

今回の投稿行為と損害との間には因果関係が認められます。

というわけで、不法行為が成立し、投稿者はXに対して損害賠償責任を負います。

◉ （2）裁判例

東京地裁平成 21 年 1 月 21 日判決は、一般人の " 氏名、住所、その親族の氏名・経営する会社の名称 " などをインターネット上の掲示板に書き込んだことが一般人のプライバシーを侵害するとして、12 万円の損害賠償請求を認めました。

Case

19. あいつは実は バカだった

Question

　私は高校 1 年生です。クラスには X という知的な装いの少し鼻につく同級生がいます。私は、X に意地悪をしたくなりました。ちょうど 1 学期が終わり、成績表が手渡されたので、私はこっそりと X の成績表をのぞいてみたところ、意外にも私よりも成績が悪かったのです。私は、これは使えると思い、Facebook に「X は知的なフリしてるけど国語 2、数学 2、英語 2 でオレより成績悪いとかクソワロタ wwww」と投稿しました。私が何か法的な責任に問われる可能性はありますか。

Answer

　プライバシーを侵害したとして、民事責任を追及される可能性があります。また、名誉を毀損したとして、民事責任や刑事責任を追及される可能性があります。

裁判になったら…

75%

くらいの確率で
被害者が**勝訴**すると思います。

121

Case 19. あいつは実はバカだった
解 説

● (1) 民事責任

　プライバシー侵害を理由とする不法行為に基づく損害賠償の成立要件は 235 頁以下に記載の通り、①プライバシー権侵害、②故意・過失、③損害、④因果関係です。
　学業成績は私生活上の事実です。そして、学業成績は、自ら積極的に告げない限り、他人に公開されることが予定されてい

ませんので、一般人がXの立場に立った場合学業成績の公開を欲しないであろうと認められます。さらに、Xの学業成績はX以外の者は知らないはずですし、Xは学業成績を公開されることを不快に感じるでしょう。したがって、プライバシー権を侵害しているといえます。

投稿者は、今回の投稿によりXのプライバシー権が侵害される可能性があることを知りつつ今回の投稿をおこなっていることから、結果発生を認識・認容していたといえます。したがって、故意の要件を満たします。

Xは精神的苦痛を受け、慰謝料等の損害が発生しています。

今回の投稿行為と損害との間には因果関係が認められます。

というわけで、不法行為が成立し、投稿者はXに対して損害賠償責任を負います。

◉（2）裁判例

東京地裁平成12年2月29日判決は、有名なプロサッカー選手の"出生時の状況、身体的特徴、家族構成、性格、学業成績、教諭の評価"などを記載した書籍がプロサッカー選手のプライバシーを侵害するとして、200万円の損害賠償請求を認めました。

Case 20 ▶ あいつはキレ痔だ

Question

私は大学受験を控えた高校3年生です。周りがピリピリしている中、クラスメイトのXは"オレの学力で日本の大学に行くのはもったいないよな。やっぱ海外の大学行くか。まぁお前らはせいぜい日本で醜く競い合ってればいいよ（笑）"などと私たちを煽っているような発言を繰り返してきます。私はイライラして、Twitterに「Xは万年キレ痔持ちで長く座ってられない（草）早く手術したら？（大草原）」と投稿しました。私が何か法的な責任に問われる可能性はありますか。

Answer

プライバシーを侵害したとして、民事責任を追及される可能性があります。また、名誉を毀損したとして、民事責任や刑事責任を追及される可能性があります。

裁判になったら…**80%**くらいの確率で**被害者**が**勝訴**すると思います。

Case 20 あいつはキレ痔だ
解説

▶（1）民事責任

　プライバシー侵害を理由とする不法行為に基づく損害賠償の成立要件は235頁以下に記載の通り、①プライバシー権侵害、②故意・過失、③損害、④因果関係です。
　疾病に関する情報は私生活上の事実です。そして、痔という病気については、一般に知られることについて羞恥の感情を抱

くことが多く、一般人がXの立場に立った場合Xが痔であることの公開を欲しないであろうと認められます。さらに、Xが痔に罹患していることはX以外の者は知らないはずですし、Xはそのことを公開されることを不快に感じるでしょう。したがって、プライバシー権を侵害しているといえます。

投稿者は、今回の投稿によりXのプライバシー権が侵害される可能性があることを知りつつ今回の投稿をおこなっていることから、結果発生を認識・認容していたといえます。したがって、故意の要件を満たします。

Xは精神的苦痛を受け、慰謝料等の損害が発生しています。

今回の投稿行為と損害との間には因果関係が認められます。

というわけで、不法行為が成立し、投稿者はXに対して損害賠償責任を負います。

◎（2）裁判例

東京地裁平成15年5月28日判決は、警視庁から委託を受けた警察病院が、"警察官のHIV抗体検査をおこなうにあたって、本人の同意を確認せずに検査を実施し、その結果を警視庁に通知したこと"が、警察官のプライバシーを侵害するとして、110万円の損害賠償請求を認めました。

東京地判平成15年6月20日は、会社から依頼を受けた医療機関が、"本人の同意なしにHIV抗体検査を実施し、その結

果を会社に通知したこと " が従業員のプライバシーを侵害する
として 150 万円の損害賠償請求を認めました。

◉ （3）アドバイス

　疾病については、風邪や花粉症といった知られても公開され
ても特に気にならない情報から、HIV や痔など公開されたくな
い情報もありますので、なんでも投稿してよいわけではありま
せん。もし他人の疾病に関する情報を投稿するならば、その人
の承諾を得てからにしましょう。

Column ● **プライバシー侵害対策**

　ケース17では卒業アルバムを題材にしましたが、卒業アルバ
ムに限らず、他人が映った写真を無断で投稿することは控えるべ
きです。
　とはいえ、その写真をどうしても投稿したいということもある
かと思います。そういう場合には、映っている人の承諾を得るか、
モザイク等の加工をして誰が映っているのかを特定できないよう
にすることによってプライバシー侵害を避けることができます。
　また、ケース18〜20では、個人に関する情報について取り
扱いました。
　秘匿性の高い情報であればあるほど損害賠償額が高額化しま
す。他人についての情報をむやみに投稿するのはプライバシー権

第1部　こんな投稿大丈夫？—事例編

の観点から非常に危険です。
　そうした情報を投稿する場合にはその人の承諾を得るようにしましょう。

case 20 ● あいつはキレ痔だ

だいぶ法律の考え方が身についてきたのではないですか？第1部と第2部を行ったり来たりすることで知識の定着を図ってくださいね！

Case

21 あいつは前歴持ち

Question

　私はしがないサラリーマンです。私は昔かなりやんちゃをしていて、その頃のやんちゃ友達Xと一緒に恐喝事件を起こしたことがあります。その後、XはYouTuberとしてかなり有名になりました。私は、たまたまXの動画を視聴する機会があり、懐かしい気持ちになって、Twitterに「昔Xと一緒に恐喝やって逮捕されたんだよなぁ。懐かしいや。」と投稿しました。私が何か法的な責任に問われる可能性はありますか。

Answer

　プライバシーを侵害したとして、民事責任を追及される可能性があります。また、名誉を毀損したとして、民事責任や刑事責任を追及される可能性があります。

裁判になったら…　**90%**　くらいの確率で **被害者** が **勝訴** すると思います。

Case 21 あいつは前歴持ち
解 説

21【法律解説】「逮捕歴」って公表したらいけないの?

kubota

▶ (1) 民事責任

　プライバシー侵害を理由とする不法行為に基づく損害賠償の成立要件は235頁以下に記載の通り、①プライバシー権侵害、②故意・過失、③損害、④因果関係です。

　前歴というのは、警察や検察などの捜査機関により被疑者として捜査の対象となった事実をいいます。そのため、今回の投

稿は過去に X が逮捕されたという前歴を公開していることになります。このような前歴に関する情報は公にされることのない私生活上の事実であるといえます。そして、一般人が X の立場に立った場合 X が恐喝罪の前歴があることについて公開を欲しないであろうと認められます。さらに、X に恐喝罪の前歴があることは X 以外の者は知らないはずですし、X はそのことを公開されることを不快に感じるでしょう。したがって、プライバシー権を侵害しているといえます。

投稿者は、今回の投稿により X のプライバシー権が侵害される可能性があることを知りつつ今回の投稿をおこなっていることから、結果発生を認識・認容していたといえます。したがって、故意の要件を満たします。

X は精神的苦痛を受け、慰謝料等の損害が発生しています。

今回の投稿行為と損害との間には因果関係が認められます。

というわけで、不法行為が成立し、投稿者は X に対して損害賠償責任を負います。

◎（2）裁判例

大阪地裁平成 13 年 5 月 29 日判決は、2 代前の町長の " 収賄罪の前科を実名報道 " したテレビのニュース番組が同町長のプライバシーを侵害したとして、50 万円の損害賠償請求を認めました

Case 22. あいつはこんなDMを送るヤリチンだ

Question

　私は大学3年生でビジュアル系バンドYの追っかけをやっています。私はTwitterで毎日のようにYの投稿にリプライをしていたところ、先週からギターのXとDMで直接やりとりをすることができるようになりました。ところが、Xから送られてくるのは「明日のライブくるよね？　その後ホテルいこうよ！」とか「早くヤリたい。めちゃくちゃにしたい。」など、どう見ても体目当ての内容ばかりです。私はボーカルのZとならそういう関係でも我慢できますが、Xからそういう目で見られるのは気分が悪いです。そこで、私は、「YのギターがこんなDMばかり送ってくるんだけど…正直キモい…。」という投稿とともに、XとのDMの内容を映した画像を投稿しました。私が何か法的な責任に問われる可能性はありますか。

Answer

　プライバシーを侵害したとして、民事責任を追及される可能性があります。また、名誉を毀損したとして、民事責任や刑事責任を追及される可能性があります。

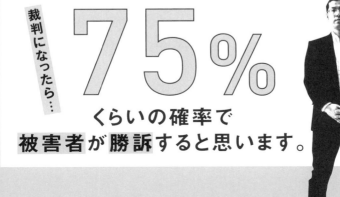

裁判になったら…**75%**くらいの確率で**被害者**が**勝訴**すると思います。

Case 22. あいつはこんなDMを送るヤリチンだ
解 説

● (1) 民事責任

　プライバシー侵害を理由とする不法行為に基づく損害賠償の成立要件は235頁以下に記載の通り、①プライバシー権侵害、②故意・過失、③損害、④因果関係です。
　TwitterのDMは送信されたその人しか見ることができない私信です。このように特定の相手だけに思想や感情を伝えるこ

とを目的とし、公開の予定されていない DM の内容は私生活上の事実にあたります。そして、X の DM は性的な内容になっていますので、一般人が X の立場に立った場合 DM の公開を欲しないであろうと認められます。さらに、DM の内容は X と投稿者以外の者は知らないはずですし、X はそのことを公開されることを不快に感じるでしょう。したがって、プライバシー権を侵害しているといえます。

投稿者は、今回の投稿により X のプライバシー権が侵害される可能性があることを知りつつ今回の投稿をおこなっていることから、結果発生を認識・認容していたといえます。したがって、故意の要件を満たします。

X は精神的苦痛を受け、慰謝料等の損害が発生しています。

今回の投稿行為と損害との間には因果関係が認められます。

というわけで、不法行為が成立し、投稿者は X に対して損害賠償責任を負います。

◉ （2）裁判例

高松高裁平成 8 年 4 月 26 日判決は、少林寺拳法連盟から除名処分を受けた者が、同連盟の重要役職者の発信した " 同連盟を批判する内容の私信 " を書籍に掲載したことが発信者のプライバシーを侵害したとして、50 万円の損害賠償請求を認めました。

（3）アドバイス

手紙やメールや DM などの私信を無断で公開することはプライバシーを侵害することになります。Twitter などで DM の内容を公開している人をよく見かけますが、マネをしないようにしましょう。

Column ●このケースはセクハラにあたる?

やりとりの内容にもよると思いますが、基本的には、嫌がっているにもかかわらず今回のような DM を送信し続けることはセクハラにあたるといえるでしょう。セクハラといっても、法律上"セクハラ罪"などの定めがあるわけではありませんので、不法行為などの要件に該当するかどうかを別途検討し、法的責任があるかどうかを判断することになります。

また、このケースでは、ストーカー規制法（ストーカー行為等の規制等に関する法律）に違反する可能性があります。そのため、同じようなケースに悩まれている方は一度最寄りの警察署にご相談されるべきでしょう。

ストーカー規制法の条文は以下の通りです。

ストーカー規制法
2条1項　この法律において「つきまとい等」とは、特定の者に対する恋愛感情その他の好意の感情又はそれが満たされなかったことに対する怨恨の感情を充足する目的で、当該特定の者又はその配偶者、直系若しくは同居の親族その他当該特定の者と社会

生活において密接な関係を有する者に対し、次の各号のいずれか
に掲げる行為をすることをいう。

　8号　その性的羞恥心を害する事項を告げ若しくはその知り得
る状態に置き、その性的羞恥心を害する文書、図画、電磁的記録（電
子的方式、磁気的方式その他人の知覚によっては認識することが
できない方式で作られる記録であって、電子計算機による情報処
理の用に供されるものをいう。以下この号において同じ。）に係る
記録媒体その他の物を送付し若しくはその知り得る状態に置き、
又はその性的羞恥心を害する電磁的記録その他の記録を送信し若
しくはその知り得る状態に置くこと。

　2条3項　この法律において「ストーカー行為」とは、同一の
者に対し、つきまとい等（第一項第一号から第四号まで及び第五
号（電子メールの送信等に係る部分に限る。）に掲げる行為につい
ては、身体の安全、住居等の平穏若しくは名誉が害され、又は行
動の自由が著しく害される不安を覚えさせるような方法により行
われる場合に限る。）を反復してすることをいう。

　3条　何人も、つきまとい等をして、その相手方に身体の安全、
住居等の平穏若しくは名誉が害され、又は行動の自由が著しく害
される不安を覚えさせてはならない。

　18条　ストーカー行為をした者は、一年以下の懲役又は百万円
以下の罰金に処する。

　つきまとい行為は法律で禁止されておりますし、それを反復す
ることに対しては刑罰が用意されているのです。

Chapter

3

肖像権
関係

Case 23. 殺人事件の実名・顔写真投稿

Question

　最近、私の友人が強盗殺人に遭いました。犯人はどうやら娘の同級生のＸのようです。犯人は既に逮捕され、事件についてはテレビ等でも報道されていますが、未だ実名や写真は公開されていません。私は、犯人が憎くてたまりません。ちょうど娘が犯人の写真画像を持っていたので、私は、Twitter に「強盗殺人事件の犯人の本名はＸです。これが顔写真です。こんなひどいことをしておいて実名や写真も公開されないのはおかしいですよね。だから私がテレビの代わりに公開します。」とＸの顔写真とともに投稿しました。私が何か法的な責任に問われる可能性はありますか。

Answer

　肖像権を侵害したとして、民事責任を追及される可能性があります。また、名誉を毀損したとして、民事責任や刑事責任を追及される可能性があります。

裁判になったら…

75%

くらいの確率で
被害者が**勝訴**すると思います。

Case 23 殺人事件の実名・顔写真投稿
解説

(1) 民事責任

　肖像権侵害を理由とする不法行為に基づく損害賠償の成立要件は240頁以下に記載の通り、①プライバシー権侵害、②故意・過失、③損害、④因果関係です。

　Xは一般人ですので、公開対象者の社会的地位としては肖像権侵害を認める方向に傾きます。また、今回の投稿における顔

写真の公開の目的は、私怨を晴らす目的ですので、公開の目的としては肖像権侵害を認める方向に傾きます。さらに、既に逮捕され、事件としてその事実が報道されているという以上、顔写真を公開して注意喚起等をする必要性は低いと考えられます。以上より、受忍限度を超えているとして、Xの肖像権侵害が認められる可能性が高いです。

投稿者は、今回の投稿によりXの肖像権が侵害される可能性があることを知りつつ今回の投稿をおこなっていることから、結果発生を認識・認容していたといえます。したがって、故意の要件を満たします。

Xは精神的苦痛を受け、慰謝料等の損害が発生しています。

今回の投稿行為と損害との間には因果関係が認められます。

というわけで、不法行為が成立し、投稿者はXに対して損害賠償責任を負う可能性が高いです。

（2）裁判例

大阪地裁平成11年6月9日判決は、犯行当時19歳であった少年の通り魔殺人事件について"実名・顔写真"などにより犯人が特定される内容の月刊誌の記事が少年のプライバシー権、氏名肖像権、名誉権を侵害するとして、250万円の損害賠償請求を認めました。しかし、謝罪広告の内容が少年の名誉を回復するのに適当であるとは言い難いとして、謝罪広告の掲載

については認めませんでした。

◗ (3) アドバイス

　上記裁判例は、過去の非行に関する事実および家族関係や生い立ちについての事実は、一般人がその立場に立てば公開を欲しない私生活上事項であるとしています。ですので、犯罪に限らずこうした内容を投稿することはプライバシー権を侵害することになりかねませんのでくれぐれもご注意ください。

　なお、今回のケースが逮捕前であれば、顔写真を公開して注意喚起等をする必要性が高まるため、肖像権侵害やプライバシー権侵害は認められにくくなります。

　とはいえ、逮捕前であっても肖像権やプライバシー権の侵害が絶対に認められないというわけではありませんので、その点はご注意ください。

第1部　こんな投稿大丈夫？―事例編

case 23 ● 殺人事件の実名・顔写真投稿

法律を学ぶことは法律知識を増やすだけでなく、物事を論理的に考える癖を身につけるのに有効です。事例を通じてたくさん考えてみてくださいね。

Case 24. 他人の映り込み写真の投稿

Question

　私はインスタグラマーとして活動する 20 代の女子です。普段はいろんな場所を訪ねて、そこで写真を撮って、Instagram に投稿しています。私は先週、沖縄を訪ねて、とある観光名所で撮影をしました。そして、そこで撮った写真数枚を Instagram に投稿しました。その写真の中には、他人（X）が映り込んでいて、X の顔がはっきりとわかるものがありました。私が何か法的な責任に問われる可能性はありますか。

Answer

　肖像権を侵害したとして、民事責任を追及される可能性があります。

裁判になったら…

25%

くらいの確率で
被害者が**勝訴**すると思います。

Case 24° 他人の映り込み写真の投稿
解 説

(1) 民事責任

　肖像権侵害を理由とする不法行為に基づく損害賠償の成立要件は 240 頁以下に記載の通り、①プライバシー権侵害、②故意・過失、③損害、④因果関係です。

　X は一般人ですので、被撮影者の社会的地位としては肖像権侵害を認める方向に傾きます。撮影の場所は観光名所で、秘匿

性の高い状況とはいえないので、肖像権侵害を否定する方向に傾きます。撮影の目的は、Instagram に投稿するという私的なものであり、公共の利害にかかわりませんので肖像権侵害を認める方向に傾きます。撮影の態様は X を中心に撮影したものではなく、投稿者を撮影しようとしてたまたま X が映り込んだだけですので、侵害度合いが大きいとはいえず、肖像権侵害を否定する方向に傾きます。以上より、撮影自体は侵害の程度があまり大きいとはいえないことから受忍限度を超えないと判断される可能性もあります。しかし、映り込み部分を切り離したり X を特定できないように処理してから公開するのは容易であることを理由に、写真を加工せずに公開したことが受忍限度を超えているとして、X の肖像権侵害が認められる可能性が否定し切れません。

投稿者は、今回の投稿により X の肖像権が侵害される可能性があることを知りつつ今回の投稿をおこなっていることから、結果発生を認識・認容していたといえます。したがって、故意の要件を満たします。

X は精神的苦痛を受け、慰謝料等の損害が発生しています。

今回の投稿行為と損害との間には因果関係が認められます。

というわけで、不法行為が成立し、投稿者は X に対して損害賠償責任を負う可能性があります。

（2）裁判例

　東京地裁平成 17 年 9 月 27 日判決は、東京の最先端ストリートファッションを広く紹介するサイトに東京の銀座界隈を歩行する者（胸部に大きく「SEX」という文字が記載された衣服を着用していた。）の承諾を得ずに撮影し、写真を公開したことが歩行者の肖像権を侵害するとして、35 万円の損害賠償請求を認めました。

（3）アドバイス

　上記裁判例は、「本件写真について、そこに写っているのが原告であると特定されないような形で本件サイトに掲載したとしても、上記目的は十分に達し得るものと認められ、あえて原告の容貌及び姿態を捉えたものであることが容易に判明するような形で本件写真を本件サイトに掲載したことは、その目的に照らして相当性を欠くものといわなければならない」と述べています。今回の投稿でも、法的責任を回避するために、映り込んでしまった人の承諾を得るか、映り込んでしまった人を特定できないように加工することが重要になります。

Column ● いわゆるパパラッチだと…？

　パパラッチというのは、有名人等をつけまわして、彼らのプライベート写真を撮影するカメラマン一般をいいます。本書のケースでいえばケース27が割と近い例ではあります。今回のケースは、投稿者を撮影する目的で投稿者を撮ったところ、たまたま他人が映り込んだというものでした。他方で、パパラッチのケースでは、ターゲットとなる有名人等を撮影する目的でその有名人等を撮影しています。この差が肖像権侵害の判断基準となる撮影の目的・態様・必要性等に影響します。その結果、パパラッチのケースのほうがより肖像権侵害が認められる可能性が高くなります。

弁護士は六法のすべてを覚えているの？とたまに聞かれますが、覚えているはずがありません。一部の基本的な法律とその考え方を覚えているにすぎないのです。みなさんもすべてを覚える必要はありません。安心してくださいね。

Case 25 集合写真の投稿

Question

　私は、Instagram を娘のアルバム代わりに使っています。先日、娘が幼稚園での集合写真を持って帰ってきたので、さっそくその集合写真をスマートフォンで撮影し、Instagram に投稿しました。もちろん、その集合写真には娘以外の園児（X）も映っています。私が何か法的な責任に問われる可能性はありますか。

Answer

　肖像権を侵害したとして、民事責任を追及される可能性があります。

裁判になったら…

45%

くらいの確率で
被害者 が **勝訴** すると思います。

Case 25 集合写真の投稿
解 説

▶（1）民事責任

　肖像権侵害を理由とする不法行為に基づく損害賠償の成立要件は240頁以下に記載の通り、①プライバシー権侵害、②故意・過失、③損害、④因果関係です。

　今回の投稿では、Xという一般人の容ぼうを公開していることから、公開対象者の社会的地位としては肖像権侵害を認める

方向に傾きます。また、集合写真は被撮影者とその家族のみに公開されることが予定されており、広く一般に公開されることが予定されているものではありませんので、公開された写真の内容としては肖像権侵害を認める方向に傾きます。さらに、集合写真の公開が受忍限度を超えているとして、Xの肖像権侵害が認められる可能性があります。

投稿者は、今回の投稿によりXの肖像権が侵害される可能性があることを知りつつ今回の投稿をおこなっていることから、結果発生を認識・認容していたといえます。したがって、故意の要件を満たします。

Xは精神的苦痛を受け、慰謝料等の損害が発生しています。

今回の投稿行為と損害との間には因果関係が認められます。

というわけで、不法行為が成立し、投稿者はXに対して損害賠償責任を負う可能性があります。

◉ （2）アドバイス

撮影の際に他人が映り込んだ場合よりも、集合写真の投稿のほうが肖像権侵害とされやすいと思われます。そのため、集合写真自体の公開を控えるか、どうしても公開したい場合には、映っている全員の承諾を得るほうがよいでしょう。

Case 26 ▶ 「今日お持ち帰りした女性」として無関係の女性の写真を投稿

Question

　私は、Twitter で日々のナンパの成果を投稿しています。ここ 2 週間ほど、ナンパに成功しておらず、Twitter での成果報告が少なく寂しい状態になっています。普段は「こうすればナンパがうまくいく」などとナンパテクニックを投稿していることもあって、近頃はナンパの成果を投稿できないことに焦りを感じてきました。そこで、私は、駅前で一番美人だった X に「モデルの仕事しません？ここで 5 分ほど撮影して 1 万円差し上げますよ。」と声をかけ、X の写真を撮影しました。そして、私は、「今日お持ち帰りした女性です！エロかったー（笑）。」という投稿とともに X の写真を投稿しました。私が何か法的な責任に問われる可能性はありますか。

Answer

　肖像権を侵害したとして、民事責任を追及される可能性があります。また、名誉を毀損したとして、民事責任や刑事責任を追及される可能性があります。

裁判になったら…

85%

くらいの確率で
被害者が**勝訴**すると思います。

Case 26 「今日お持ち帰りした女性」として無関係の女性の写真を投稿
解　説

● (1) 民事責任

　肖像権侵害を理由とする不法行為に基づく損害賠償の成立要件は 240 頁以下に記載の通り、①プライバシー権侵害、②故意・過失、③損害、④因果関係です。

　「今日お持ち帰りした女性です」という今回の投稿は、肉体関係を持ったとの意味で捉えられますので、性的な内容です。

性的な内容を投稿するにあたって自分の写真が使用されること
は基本的には受忍限度を超えると考えられます。そして、投稿
者は、撮影の本当の目的を伏せてXを撮影していることから、
Xの撮影にあたって承諾があるということはできません。した
がって、Xの写真の公開が受忍限度を超えるとして、Xの肖像
権侵害が認められます。

　投稿者は、今回の投稿によりXの肖像権が侵害される可能
性があることを知りつつ今回の投稿をおこなっていることか
ら、結果発生を認識・認容していたといえます。したがって、
故意の要件を満たします。

　Xは精神的苦痛を受け、慰謝料等の損害が発生しています。

　今回の投稿行為と損害との間には因果関係が認められます。

　というわけで、不法行為が成立し、投稿者はXに対して損
害賠償責任を負う可能性があります。

（2）裁判例

　東京地裁平成17年12月16日判決は、メイクのサンプル用
として撮影された顔写真が出会い系サイトの広告に無断使用さ
れたことがモデルの肖像権を侵害するとして、120万円の損害
賠償請求を認めました。

Case
27 水着写真の無断転載

Question

　私は、着エロ画像サイトを運営しています。着エロ画像というのは、ちょっとエッチな衣服を着た女性が映っていたり、普通の衣服を着た女性がちょっとエッチなポーズをとっていたりする画像のことです。サイトの集客のためにTwitterへの投稿もしています。私は、アイドルの写真を使えばもっとアクセス数が伸びるのではないかと考えました。そこで、私は、ハワイに出かけた超有名アイドルXを尾行して、プライベートビーチでXが水着姿でくつろいでいる姿を盗撮し、その写真をTwitterに投稿しました。私が何か法的な責任に問われる可能性はありますか。

Answer

　肖像権を侵害したとして、民事責任を追及される可能性があります。

裁判になったら…

70%

くらいの確率で
被害者が**勝訴**すると思います。

Case 27. 水着写真の無断転載
解 説

● (1) 民事責任

　肖像権侵害を理由とする不法行為に基づく損害賠償の成立要件は 240 頁以下に記載の通り、①プライバシー権侵害、②故意・過失、③損害、④因果関係です。

　X は超人気アイドルではありますが、公人ではありませんので一般人と同様に考えるべきです。そのため、被撮影者の社会

第1部　こんな投稿大丈夫？―事例編

的地位としては、肖像権の侵害を認める方向に傾きます。また、被撮影者の活動内容としては、Xは休暇中に羽を伸ばしているだけですので、撮影について社会的な意義が乏しく、肖像権の侵害を認める方向に傾きます。さらに、撮影の目的はSNS投稿目的、撮影の態様は隠し撮りであり、いずれも肖像権の侵害を認める方向に傾きます。他方で、撮影の場所としては、プライベートビーチであり、公道よりは他人に容ぼうを見られることが少ないとはいえ、その場にいる人には容ぼうを見られることが予定されている場所ですので、肖像権の侵害を否定する方向にやや傾きます。以上より、投稿者によるXの撮影は完全に私利私欲によるものであり、侵害の度合いが大きいため、社会生活上受忍の限度を超えるとして、Xの肖像権侵害が認められる可能性が高いといえます。

　投稿者は、今回の投稿によりXの肖像権が侵害される可能性があることを知りつつ今回の投稿をおこなっていることから、結果発生を認識・認容していたといえます。したがって、故意の要件を満たします。

　Xは精神的苦痛を受け、慰謝料等の損害が発生しています。

　今回の投稿行為と損害との間には因果関係が認められます。

　というわけで、不法行為が成立し、投稿者はXに対して損害賠償責任を負う可能性があります。

case 27 ● 水着写真の無断転載

（2）裁判例

東京地裁平成 13 年 9 月 5 日判決は、週刊誌に女性アナウンサーの水着写真を本人に無断で掲載したことが女性アナウンサーの肖像権を侵害するとして、200 万円の賠償請求を認めました。

（3）アドバイス

公道など人に容ぼうを見られることが予定されている場所であっても、撮影され、それを公開されるとなると意味合いが異なってきます。投稿者としては、撮影に関し許諾を得れば適法、許諾を得なければ違法というように少し厳し目に考えておくのがちょうどいいのではないかと思います。

肖像権が侵害されたかどうかの判断はなかなか難しいので、事例についてご自身で考えてみることは法的思考のいいトレーニングになりますよ！

第1部　こんな投稿大丈夫？―事例編

case **27** ● 水着写真の無断転載

Column ● 撮影の承諾と公開の承諾

　他人の肖像を撮影する際に承諾を得ることで肖像権の侵害を回避できることは既に述べた通りです。

　しかしながら、撮影について承諾を得ていても、公開したことについて肖像権の侵害が発生することがあります。ケース26の事例を思い出してみてください。あのケースでは撮影自体には承諾を出しています。

　しかし、撮影した写真の公開の方法が被撮影者の意思に反するものであったため問題となったのです。

　このように、撮影と公開は一応別の問題として捉えることができますので、撮影の承諾のみでなく公開方法についての承諾も受けておくのがよいでしょう。

167

無断
リンクは
おやめ
下さい！

Chapter

4

著作権
関係

Case 28 ● 無断でリンク貼り

Question

　私は、インターネット上でいいサービスに出会うたびに Twitter に URL を投稿しています。この前も、簡単に商標を登録できるサービスを提供するサイトを見つけたので Twitter に URL を貼ったのですが、サービスの運営者である X 社から「ただいまβサービス中ですので、無断リンクはおやめください」と連絡が入りました。私が何か法的な責任に問われる可能性はありますか。

Answer

　法的な責任を問われることはありません。

裁判になったら…

00%
くらいの確率で
被害者 が **勝訴** すると思います。

Case 28 無断でリンク貼り
解 説

(1) 民事責任・刑事責任

著作権を侵害しているかどうかは、著作物に該当するかどうか、著作権侵害行為があるかどうか、著作権侵害とならない例外に該当するかどうかを検討して判断します。

まず、X社のサイトを構成する文章やイラスト等が言語の著作物写真の著作物等に該当するには、それが思想または感情を

創作的に表現したものである必要があります。今回のX社の
サイトの文章やイラストについては、その中身が不明なので断
言することはできませんが、高い確率で著作物に該当するはず
です。

　次に、著作権侵害行為があるかどうかですが、投稿者はX
社のURLを投稿しているだけであって、X社のサイト上の著
作物を利用しているわけではありません。そのため、著作権者
の複製権（著作権法21条）および公衆送信権（著作権法23条）
の侵害行為はありません。

　以上より、今回の投稿は著作権侵害とはなりません。

◉（2）アドバイス

　ただURLを貼るだけであれば、今回の投稿と同様に著作権
侵害はないという結論となりますが、いわゆるインラインリン
ク（URLにアクセスしなくても閲覧できる形式のリンク。）を
無断でおこなう場合には、著作権侵害の問題が生じ得ることに
ご注意ください。たとえば、TwitterのリツイートやFacebook
のシェアもインラインリンク形式ですので、リツイートやシェ
アによって法的責任が発生する可能性を否定し切ることはでき
ません。

Case

29 ● アニメアイコン

Question

　私は小学 6 年生です。最近 Twitter をはじめて、学校で
あった楽しかったことを投稿したり、愚痴を投稿したりし
ています。私は X 社の制作した Y というアニメが好きで、
主人公のキャラクターが映ったワンシーンを X 社に無断で
Twitter アカウントのアイコン画像に設定しています。私
が何か法的な責任に問われる可能性はありますか。

Answer

　著作権を侵害したとして、民事責任を追及される可能性があ
ります。

裁判になったら…

30%

くらいの確率で
被害者が**勝訴**すると思います。

Case 29 アニメアイコン
解 説

(1) 民事責任・刑事責任

　著作権を侵害しているかどうかは、著作物に該当するかどうか、著作権侵害行為があるかどうか、著作権侵害とならない例外に該当するかどうかを検討して判断します。

　まず、X社の制作したアニメが映画の著作物（著作権法2条1項1号・10条1項1号）に該当するには、それが思想また

は感情を創作的に表現したものである必要がありますが、今回は特に問題なく認められます。

次に、著作権侵害行為があるかどうかですが、投稿者はX社の許可を受けずにアニメのワンシーンを自身のTwitterアイコンとして利用していますので、著作権者の複製権（著作権法21条）および公衆送信権（著作権法23条）の侵害行為があります。

最後に、著作権侵害とならない例外に該当するかどうかですが、今回の場合、私的使用のための複製（著作権法30条）に該当する可能性があります。つまり、個人的・家庭内その他これに準ずる範囲内で使用するためであれば、複製をしても著作権侵害となりません。Twitterのアカウントの場合、投稿内容を非公開にしていても閲覧者にアイコンが表示されることから、アイコンの設定が個人や家庭の範囲にとどまっているとは言い難く、私的使用のための複製に該当する可能性は低いです。いずれにせよ、アニメのワンシーンをアイコンに設定することが公衆送信権の侵害であり、私的使用の規定の適用がないため、著作権侵害とならない例外には該当しません。

以上より、今回の投稿は著作権侵害となる可能性があります。ただし、今回のアイコン設定者は11歳～12歳ですので、刑事上の責任能力を欠きます（刑法41条）。そのため、損害賠償責任を負う可能性はありますが、刑事責任を負うことはありません。

Case

30 ▶ 歌詞の投稿

Question

私は J-POP のバラードが好きです。いい歌がたくさんあります。私は特に X が作詞・作曲した曲が好きで、X の曲はすべて歌詞を憶えています。その中でも G という曲の歌詞が大好きで、みんなに知ってほしいと思って、Twitter に全歌詞を記載し、投稿しました。私が何か法的な責任に問われる可能性はありますか。

Answer

著作権を侵害したとして、民事責任や刑事責任を追及される可能性があります。

裁判になったら… **90%** くらいの確率で **被害者** が **勝訴** すると思います。

Case 30 歌詞の投稿
解 説

30【法律解説】歌詞を投稿するのって一体何がいけないの？

kubota

●(1)民事責任・刑事責任

著作権を侵害しているかどうかは、著作物に該当するかどうか、著作権侵害行為があるかどうか、著作権侵害とならない例外に該当するかどうかを検討して判断します。

まず、Xの作詞作曲したGという曲が音楽の著作物（著作権法2条1項1号・10条1項2号）に該当するには、その曲

が思想または感情を創作的に表現したものである必要があります が、今回は特に問題なく認められます。

次に、著作権侵害行為があるかどうかですが、投稿者はX の許可を受けずにTwitterに歌詞のすべてを転載していますの で、著作権者の複製権（著作権法21条）および公衆送信権（著 作権法23条）の侵害行為があります。

最後に、著作権侵害とならない例外に該当するかどうかです が、今回の投稿の場合、抽象的には「引用」（著作権法32条1 項）に該当する可能性があります。つまり、公正な慣行に従っ て引用の目的上正当な範囲内で転載をする分には、著作権者に 無断で転載しても著作権侵害となりません。今回の投稿では歌 詞のすべてを投稿しています。Twitterでは一度に140文字し か投稿できないので、投稿者の投稿部分が主で転載部分が従と なるような内容・分量においての歌詞を転載したとは言い難く、 引用には該当しないでしょう。

以上より、今回の投稿は著作権侵害となる可能性があります。 そのため、損害賠償責任や刑事責任を負う可能性があります。

（2）アドバイス

現状、ほとんどの曲の著作権をJASRACが管理しているこ とから、実際に許可の申請先はJASRACになることが多いで しょう。

Case
31 ▶ キャラ弁

Question

　私には4歳の子どもがいます。私の子どもは幼稚園に通っており、私が毎日お弁当をつくります。ある日思い立ってお弁当の中身をドラえもんのキャラクターに見えるようにアレンジしてつくったところ、子どもがすごく喜びました。また、私は、そのお弁当をInstagramに投稿したところ、想像以上の反響を得ることができました。私はこれからもキャラ弁をつくってInstagramに投稿していきたいと考えています。私が何か法的な責任に問われる可能性はありますか。

Answer

　著作権を侵害したとして、民事責任や刑事責任を追及される可能性があります。

裁判になったら…

30%

くらいの確率で
被害者が**勝訴**すると思います。

Case 31 キャラ弁
解 説

31【法律解説】キャラ弁って投稿しちゃいけないの？

kubota

（1）民事責任・刑事責任

　著作権を侵害しているかどうかは、著作物に該当するかどうか、著作権侵害行為があるかどうか、著作権侵害とならない例外に該当するかどうかを検討して判断します。

　まず、ドラえもんが映画の著作物（著作権法2条1項1号・10条1項1号）に該当するには、それが思想または感情を創

作的に表現したものである必要がありますが、今回は特に問題なく認められます。

　次に、著作権侵害行為があるかどうかですが、ドラえもんのキャラクターに模したお弁当をつくっています。このお弁当があらわすキャラクターが、誰が見てもそのキャラクタだとわかるようになっている場合には、著作権者の複製権（著作権法21条）の侵害行為があります。また、キャラクターに模したお弁当の写真を投稿していることで公衆送信権（著作権法23条）の侵害行為があります。

　最後に、著作権侵害とならない例外に該当するかどうかですが、今回の場合、私的使用のための複製（著作権法30条）に該当する可能性があります。つまり、個人的・家庭内その他これに準ずる範囲内で使用するためであれば、複製をしても著作権侵害となりません。キャラ弁をつくること自体は私的利用のための複製と言えるでしょう。しかし、キャラ弁の写真の投稿は、個人や家庭の範囲にとどまっているとは言い難く、私的使用のための複製に該当する可能性は低いです。いずれにせよ、写真を投稿することが公衆送信権の侵害であり、私的使用の規定の適用がないため、著作権侵害とならない例外には該当しません。

　以上より、今回の投稿は著作権侵害となる可能性があります。そのため、損害賠償責任や刑事責任を負う可能性があります。

Case

32. インターネット記事の転載

Question

　私は音楽評論家です。先日、著名音楽家 Y が作曲したとされる曲が、実はゴーストライターの手によるものであるという興味深いニュース記事が X 社のサイトに掲載されました。私は、X 社の許可を受けずにその記事の一部を自分の Facebook 上に転載しつつ、「Y が自ら作曲したとしている曲がゴーストライターの手によるものだったら、がっかりする人もいるだろう。非常に問題だ。」と投稿しました。私が何か法的な責任に問われる可能性はありますか。

Answer

　著作権を侵害したとして、民事責任や刑事責任を追及される可能性があります。

裁判になったら…

50%

くらいの確率で
被害者が**勝訴**すると思います。

Case 32 インターネット記事の転載
解 説

（1）民事責任・刑事責任

　著作権を侵害しているかどうかは、著作物に該当するかどうか、著作権侵害行為があるかどうか、著作権侵害とならない例外に該当するかどうかを検討して判断します。

　まず、X社のサイトに掲載された記事が言語の著作物（著作権法2条1項1号・10条1項1号）に該当するには、その記

事が思想または感情を創作的に表現したものである必要があります。単なる事実の伝達に過ぎない雑報および時事の報道は著作物にあたらないのですが（著作権法10条2項）、たとえば、新聞記事は盛り込む事項の選択、記事の展開の仕方、文章の表現方法等に創作性があると認められておりますので、X社の記事が新聞記事と同等なのであれば、著作物に該当します。他方で、今回の記事がいつ、どこで、誰が、何を、どのようにしたのかを伝えるにすぎない短い記事だとすると、著作物に該当しないことになります。

次に、著作権侵害行為があるかどうかですが、投稿者はX社の許可を受けずにFacebookに転載しておりますので、著作権者の複製権（著作権法21条）および公衆送信権（著作権法23条）の侵害行為があります。

最後に、著作権侵害とならない例外に該当するかどうかですが、今回の投稿の場合、「引用」（著作権法32条1項）に該当する可能性があります。つまり、公正な慣行に従って引用の目的上正当な範囲内で転載をする分には、著作権者に無断で転載しても著作権侵害となりません。今回の投稿ではどのような形で転載されたかが不明ですが、自分の投稿部分と転載部分とを明確に区別でき、自分の投稿部分が主で転載部分が従となるような内容・分量においてX社の記事の一部を転載したのであれば、引用に該当し著作権侵害となりません。なお、その場合であっても、原則として引用先を明示することが必要になりま

す（著作権法 48 条）。

　以上より、今回の投稿は著作権侵害となる可能性があります。そのため、損害賠償責任や刑事責任を負う可能性があります。

（2）アドバイス

　記事の全部を転載する場合にも「引用」に該当することがありますが、全部を引用する必要性が問われます。原則的には記事の転載をする場合にはその一部の転載にとどめるようにしましょう。

Column　●無断でテレビ投稿

　たまに、ニュース等で、Twitter などの SNS 上に投稿されていた動画像が報道されることがあります。たとえば、台風の被害で浸水している様子の動画が Twitter に投稿され、それがニュースで報道されることがあります。中には、テレビ局が投稿者の許可を得ずに投稿者の撮影した動画像を報道に使用していることもあります。みなさん方の中には、それって違法じゃないの？と思われる方がいらっしゃるのではないでしょうか。

　確かに、動画像はその撮影者に著作権が発生しますので、原則として、撮影者の許可を得ないでその動画像を報道に利用することは著作権侵害となります。しかし、「引用」（著作権法 32 条 1 項）または「時事の事件の報道のための利用」（著作権法 41 条）と認められた場合には、著作権侵害になりません。いずれも、ニュー

スの内容との関係で目的上必要な範囲での利用に限定されます。
このように、自分の投稿した動画像が無断で報道に利用されても、
著作権侵害ではないこともありますので、安易に「違法だろ」な
どと投稿するのはやめておいたほうがいいです。

Column ● **ゲームプレイ動画の投稿**

　ゲーム実況動画をアップロードすることは、著作者の得るべき
利益を不当に奪いますし、また、著作物を広める役割を担う人た
ちの予定していない形でゲームの内容等を公開してしまうことか
ら、原則として著作権や著作隣接権を侵害する行為だといえます。
具体的には、複製権や公衆送信権の侵害となります。

　もっとも、ゲーム実況動画のすべてが違法ということはありま
せん。ゲームの制作会社がゲーム実況動画を公式に認めている場
合には、ゲーム実況動画を適法にアップロードすることができる
のです。たとえば、ドラゴンクエストXI（株式会社スクウェア・
エニックス）は、以下の条件の下でのゲーム実況動画のアップロー
ドを認めています。

【利用条件】

掲載・配信に際して、著作権者の表示明記してください。

掲載例）

©2017 ARMOR PROJECT/BIRD STUDIO/SQUARE ENIX All Rights
Reserved. ©SUGIYAMA KOBO

※ PlayStation®4 のシェア機能利用時には自動的に上記の著作権者の

表示が明記されますので、ご自身での記載は不要です。

● ゲームシナリオに大きく関わるシーンの配信の場合には、これから
プレイされる方の楽しみを奪わないよう、自主的に「ネタバレ
あり」の表記をお願いいたします。

● PlayStation®4 版『ドラゴンクエスト XI』で録画禁止区間に設定され
ている部分の、生配信、動画・画像の投稿は禁止いたします。

● ムービーシーンのみを見せることを目的として編集された動画や、
再生リストの作成は禁止いたします。

● 公開した内容の二次利用は行わないでください。

例）公開した内容をまとめて冊子などの別の媒体での再配布は、有料・
無料にかかわらずご遠慮ください。

● 閲覧に対価が必要となるサイトおよびサービスを利用しての公開
はご遠慮ください。（但し、ニコニコ動画プレミアムサービスを除く）

● 特定のプレイヤーの誹謗中傷につながる行為は行わないでください。

● 理由の如何を問わず、弊社から依頼があった場合には、遅滞なく
画像・動画の掲載を中止してください。　また、弊社が不適切と判
断した動画・放送については、削除させていただく場合があります。

● 弊社は、インターネットでの画像・動画の掲載について、第三者
の権利を侵害していないことを含め、いかなる保証もいたしませ
ん。また、当該画像・動画を利用された結果発生したいかなる損
害または他のプレイヤーを含む第三者との紛争についても弊社は
補償をいたしません。

引用元：http://www.dq11.jp/guideline/index.html

　とはいえ、今でも多くのゲーム制作会社はゲーム実況動画の
アップロードについて特段の対応をしておりません。すなわち、
多くのゲーム制作会社はゲーム実況動画についての公式見解を示
さず、ゲーム実況動画の削除申請等もおこなっていません。いわ
ば、ゲーム実況動画を放任している状態です。

とあるゲーム制作会社がゲーム実況動画を放任している場合に、その会社が制作したゲームの実況動画をアップロードすることは法的なリスクを伴います。つまり、著作権侵害を理由とする刑事罰や民事責任は、ゲーム制作会社が告訴や民事訴訟の提起等の法的措置をとることで現実化しますが、放任の態度からから一変してそうした法的措置をとる可能性があるのです。ゲーム制作会社の承諾のない状況下でその会社のゲームの実況動画をアップロードすることは著作隣接権を侵害する行為ですので、法的措置をとられても文句を言える立場ではないということなのです。

ゲーム実況配信に関するおおまかな傾向としては、まず、PS4やXboxOneに付属の動画配信機能を用いて動画配信をおこなう場合、ゲームソフト制作会社の著作権を気にする必要はありません。なぜなら、ゲームソフト制作会社はPS4等のハードに動画配信機能が付属していることは熟知しており、その機能を用いて動画配信することを許容しないのであれば、配信をできなくするなどの対応をするからです。実際にも、上記のPS4版ドラゴンクエストXIは、エンディングについては配信ができないという対応がとられています。

動画配信機能のついていないハードのゲームソフトについては、個別に問い合わせて、ゲーム実況を認めている場合にのみゲーム実況動画の配信をおこなうのが無難です。

なお、2018年11月29日に、大手ゲームメーカーである任天堂が「ネットワークサービスにおける任天堂の著作物の利用に関するガイドライン」を公開し、ゲーム実況動画の条件付きでの許可（ほぼ全面許可）をすることを発表しました。興味のある方は検索してみてください。

Chapter

5

その他

Case

33 ▶ エッチな写真の投稿

Question

　私は20歳の女性で、現在専門学校に通っています。私はとにもかくにも有名になりたいです。そのためなら手段は問いません。私は、自分くらいの若い女性であればTwitterでちょっとエッチな写真を投稿し続ければ人気が出るのではないかと思いました。そこで、私は、スマートフォンで自分の胸やお尻を撮影して、その写真をTwitterに投稿しました。私が何か法的な責任に問われる可能性はありますか。

Answer

　わいせつ物を陳列したとして、刑事責任を追及される可能性があります。

裁判になったら…00%くらいの確率で被害者が勝訴すると思います。

Case 33 エッチな写真の投稿
解 説

33【法律解説】自分の「エッチな写真」って投稿したらいけないの?

(1) 刑事責任

SNSにエッチな写真を投稿することは、わいせつ電磁的記録記録媒体陳列罪（刑法175条1項）が成立する可能性があります。同罪の要件は、①わいせつ、②電磁的記録に係る記録媒体、③陳列の3つです。

①わいせつというのは、いたずらに性欲を興奮または刺激さ

せ、かつ、普通人の正常な性的羞恥心を害し、善良な性的道義観念に反するものであるとされます（最判昭和26年5月10日）。エッチな写真でいえば、一応の目安としては、陰部が映っている写真はわいせつ要件に該当することになりますが、陰部が映っていない写真はわいせつとまではいえないと判断されることが多いでしょう。それゆえ、今回投稿したエッチな写真はわいせつ要件に該当しない可能性が高いです。

　②電磁的記録に係る記録媒体とは、コンピューターにより情報処理されたディスク等の記録媒体をいいます。今回は、スマートフォンにエッチな写真が画像データとして保存されていることから電磁的記録に係る記録媒体の要件に該当します。

　③陳列というのは、人がその内容を認識できる状態に置くことをいいます。今回の投稿で不特定多数がエッチな写真を閲覧できる状態にしていることから、陳列の要件に該当します。

　以上より、わいせつ電磁的記録記録媒体陳列罪に該当する可能性を完全に否定することはできません。

◎（2）アドバイス

　SNSにエッチな画像を投稿することは、犯罪に該当しない場合であっても、SNSの利用規約に違反することがあります。利用規約に違反すると、アカウントの停止などの処分を受ける可能性がありますので、利用規約にもご注意ください。

Case 34 ▶ 元カノの裸写真を投稿

Question

私には 2 年半交際し、将来結婚を約束していた女性 X（24歳）がいました。しかし、X は、突然「好きな人ができた」と言い私に別れを告げました。私は呆然としましたが、時間が経つにつれて、X に裏切られたとの気持ちが大きくなってきました。そこで、私は、X に復讐したいとの一心で、X とセックスをしている最中に隠し撮りした X の裸の写真を Twitter に投稿しました。私が何か法的な責任に問われる可能性はありますか。

Answer

民事責任や刑事責任を追及される可能性があります。

裁判になったら…

80%

くらいの確率で
被害者が**勝訴**すると思います。

Case 34 元カノの裸写真を投稿
解説

● (1) 民事責任・刑事責任

　民事責任としては、プライバシー侵害を理由とする不法行為が成立し、損害賠償責任を負う可能性があります。

　刑事責任としては、いわゆるリベンジポルノ防止法に違反する可能性があります。その要件としては、①第三者が撮影対象者を特定することができる方法で、②電気通信回線を通じて、

第1部　こんな投稿大丈夫？―事例編

③私事性的画像記録を、④不特定又は多数の者に提供したことです（私事性的画像記録の提供等による被害の防止に関する法律3条）。

　まず、今回投稿されたXの写真がXを特定できる程度に鮮明に映っていれば、①の要件に該当します。

　次に、インターネットを通じてSNSに写真をアップロードすることは②の要件に該当します。

　さらに、私事性的画像記録は、ⓐ性交又は性交類似行為に係る人の姿態、ⓑ他人が人の性器等を触る行為又は人が他人の性器等を触る行為に係る人の姿態であって性欲を興奮させ又は刺激するもの、ⓒ衣服の全部又は一部を着けない人の姿態であって、殊更に人の性的な部位が露出され又は強調されているものであり、かつ、性欲を興奮させ又は刺激するもののいずれかが映っている写真です。今回のXの写真はⓐ性交又は性交類似行為に係る人の姿態に該当し、その結果③の要件に該当するでしょう。

　最後に、Twitterでの投稿した写真は原則として誰でも見ることができますので、④の要件に該当します。

　以上より、私事性的画像記録提供罪が成立します。

◉（2）アドバイス

　「性器等」というのは、性器と肛門と乳首を指します。仮に、

case 34 ◉ 元カノの裸写真を投稿

203

撮影に同意していたとしても、第三者に対して公開することに同意していない場合には、リベンジポルノ防止法に違反することになります。

　また、リベンジポルノ防止法では本人の性的な部位の露出であることは要件とされていないことから、いわゆるコラ画像（本人の顔写真と第三者の裸体写真を合成した写真）についても、同法に違反する可能性があります。十分に注意してください。

Column ●リベンジポルノ防止法と児童ポルノ規制法

　リベンジポルノ防止法は、既に解説した通り、不特定又は多数人への提供を犯罪行為としています。他方で、児童ポルノ規制法（児童買春、児童ポルノに係る行為等の規制及び処罰並びに児童の保護等に関する法律）は、児童ポルノの所持を犯罪行為としています。以下の条文を見てください。

　第7条　自己の性的好奇心を満たす目的で、児童ポルノを所持した者（自己の意思に基づいて所持するに至った者であり、かつ、当該者であることが明らかに認められる者に限る。）は、一年以下の懲役又は百万円以下の罰金に処する。自己の性的好奇心を満たす目的で、第二条第三項各号のいずれかに掲げる児童の姿態を視覚により認識することができる方法により描写した情報を記録した電磁的記録を保管した者（自己の意思に基づいて保管するに至った者であり、かつ、当該者であることが明らかに認められる者に限る。）も、同様とする。

第1部　こんな投稿大丈夫？―事例編

　18歳未満の者の性的な動画像は、単に所持しているだけで犯罪となってしまうのです。ちなみに、何が児童ポルノにあたるかについては、児童ポルノ規制法2条3項に定めがありますが、私事性的画像記録とほぼ同様の要件となっています。

case 34 ● 元カノの裸写真を投稿

いろんな法律が出てきて頭が混乱しているかもしれませんね。次のケースで最後ですので、もう少しだけ頑張りましょう！

205

Case
35 爆破予告

Question

私は大学3年生です。私は、明日、どうしてもはずせない用事があって学校に行くことができません。しかし、私はこれまですべての講義に出席しており、講義を休んだことにしたくはありません。私は、爆破予告をすれば休講になるのではないかと考え、Twitterに「X大学に爆弾を設置した。明日爆破する。」と投稿しました。私が何か法的な責任に問われる可能性はありますか。

Answer

業務妨害として、民事責任や刑事責任を追及される可能性があります。

Case 35 爆破予告
解 説

35【法律解説】冗談でも「爆破予告」がNGのワケ

（1）民事責任・刑事責任

民事責任としては、営業妨害を理由とする不法行為が成立し、損害賠償責任を負う可能性があります。

刑事責任としては、威力業務妨害罪が成立する可能性があります。威力業務妨害罪の要件は、①威力、②業務、③適法性、④妨害行為です。

第1部　こんな投稿大丈夫？一事例編

　①威力というのは、人の意思を制圧するような勢力をいいます。大学に爆弾を仕掛け、爆破するという投稿は、それを閲覧した大学関係者に大学には近づいてはいけないと考えさせる内容ですので、人の意思を制圧するような勢力を示しているといえます。そのため、①威力の要件に該当します。

　②業務というのは、職業その他社会生活上の地位に基づいて継続しておこなう事務または事業をいいます。大学における研究事業や教育事業が業務に該当することについては問題がありません。

　③適法性は業務妨害罪が事実上平穏におこなわれている人の社会活動の自由を保護するものであることから要求される要件です。Xについては、特に違法性を示す事情はないため、③適法性の要件を満たします。

　④妨害行為については、現実に業務遂行が妨害されることは必要でなく、妨害の結果を発生させるおそれのある行為があれば足りると考えられております。今回の投稿は、Xの業務を妨害するおそれは十分に認められますので、④妨害行為の要件を満たします。

　以上より、威力業務妨害罪が成立します。

◉（2）アドバイス

　爆破予告で逮捕されたケースはたくさんあります。爆破予告

に限らず、犯行予告は何らかの犯罪に該当する可能性があります
ので絶対にしてはいけません。

　第1部の事例編の読破、お疲れ様でした！
　第2部は理論編です。できる限りわかりやすく記述したつ
もりですが、それでもわかりにくいところがあると思います。
じっくりと取り組んでみてくださいね！

Column ●法律の勉強における事例の重要性

　法律を勉強する際に、抽象的な法律知識だけを頭に入れ続けて
も実際に法律を使いこなせるようにはなりません。
　法律の勉強においては、抽象と具体を行き来することが重要だ
と言われます。ここでいう具体というのはこれまで見てきたよう
な具体的な事例のことを指します。
　抽象的な法律知識の勉強ばかりするのは、たとえてみれば、野
球において素振りだけをおこなうのと同じです。やはり、実際に
ピッチャーを前にして、バッティングの練習をしなければ身につ
かないことも多いことでしょう。
　みなさんはこれから第2部を読み進めていくのだと思いますが、
その際、ときどき第1部のケースに立ち戻って思考をめぐらせて
みてください。そうすることで、より効率的に法律を勉強するこ
とができます。
　また、宣伝にはなりますが、私のYouTubeチャンネルでも動
画でたくさんの事例を解説していますので、よろしければそちら
もご参照ください。

Part

2

こんな投稿大丈夫？

理論編

第1章　はじめに

1　法律の学び方

　「法律は難しい」と感じている方は非常に多いのではないかと思います。かくいう私もその一人です。法律の難しさの1つは、その分量の多さにあります。1つの問題を解決するにあたってさまざまな法律のさまざまな条文を参照しないといけないことがしばしばあります。たとえば、名誉毀損についての法律上の解決策を知るためには、民法709条、723条、刑法230条、230条の2などの条文を参照しなければなりません。加えて、その場合にはたくさんの判例を参照する必要があります。

　とはいえ、法律を学ぶと決めたのであれば、1つずつ学習していくほかありません。本書は正確な記述を心がけながらも、初学者の方でも理解できるようにできる限りかみ砕いて説明するようにしています。本書を読み進めていく過程で、法律の学習についてのイメージを固めていただければと思います。

2　要件と効果

　法律を使って何かできる場合には、そのための要件があります。法律に定められた要件を満たした場合に効果が発生すると

いうのが法律の基本構造です。ここで、「〇〇のときには、×
×ができる」と定められている場合の、〇〇が要件で××が効
果です。法律を学習するにあたっては、要件と効果に着目する
ようにしましょう。

3 条文と判例

条文は、さまざまな問題に対応できるように抽象的に定めら
れていることが多いです。そのため、条文だけを見ても目の前
の問題に適用することができるかどうかの判断をすることがで
きない場合があります。そんな場合に必要とされるのが、解釈
という作業です。条文の抽象的な文言を解釈という作業を通じ
て目の前の問題に適用できる状態にします。

裁判所はそんな解釈の作業を日々おこなっております。そし
て、その解釈の結果が判決や決定という形で示されます。法律
家はそうして示された解釈の結果を参考にします。要件や効果
で目の前の問題に適用できるかどうかの判断ができないとき
は、まずは判例を探すことになります。本書での解説でも、判
例が多数登場します。難しい表現が多いですが、じっくりと読
んでみてくださいね。

4 民事責任と刑事責任

法律上の責任には、大きく分けて民事責任と刑事責任とがあります。1つの行為が民事責任と刑事責任の両方を生じさせる場合には、その両方が問われることもあります。たとえば、著作権を侵害した場合には、損害賠償や不当利得返還などの民事責任を負うことがあるほか、10年以下の懲役や1000万円以下の罰金といった刑事責任を負うことがあります。ここでは、民事責任と刑事責任は別物であることを理解していただければけっこうです。

5　不法行為の解説

（1）条文と4つの要件

　この本の中には、不法行為という単語がよく出てきます。これから先の解説にもよく出てきますので、便宜上、ここで解説しておきます。

　他人の名誉権やプライバシー権などの権利を侵害した場合、民事上は不法行為責任が成立することがあります。まず、不法行為の条文を確認することにしましょう。

民法第709条　故意又は過失によって他人の権利又は法律上保護される利益を侵害した者は、これによって生じた損害を賠償する責任を負う。

この条文を見ると、4つの要件が定められていることがわかります。つまり、①故意又は過失、②権利又は法益侵害、③損害の発生、そして④因果関係です。ここで疑問を抱かれた方がいらっしゃるかもしれません。「①～③まではわかるけど、④はどこに書かれているの？」と。条文上、「因果関係」という文字は書かれていませんが、「これによって生じた損害」と書かれておりますので、故意・過失による行為と損害との間には原因と結果の関係が必要になると考えられます。ですので、④因果関係が要件となるのです。

(2) 故意・過失

要件を1つずつ見ていきましょう。まず、①故意・過失です。故意というのは、結果発生を認容することという意味です。結果発生というのは、業務妨害であれば業務が妨害されているという結果ですね。そして、認容というのは、「結果が起こることはわかるけど、それでいいや」という状態です。たとえば、「この投稿をしたらあの店の業務を妨害することになるけども、まぁいいや」という心境で投稿することは、業務の妨害という結果が発生することを知りつつその結果を容認していますから、故意が認められます。ちなみに、結果が必ず生じるとまで思っている必要はありません。結果の発生の可能性があることをわかっていながらそれを容認することでも故意が認められます。たとえば、「この投稿をしたらあの店の業務を妨害することになる"かもしれない"けども、まぁいいや」という心境で

投稿する場合にも故意が認められます（未必の故意と呼ばれております。）。ここまで故意を説明しましたが、よくわからないという方は、故意を「わざと」という程度の意味で押さえておいてください。

　過失というのは、結果発生の予見可能性があるにもかかわらず、結果の発生を回避するために必要とされる措置を講じなかったことという意味です。結果の予見可能性を前提とする結果回避義務違反などといわれることもあります。たとえば、友達がSNSにアップロードした写真画像をダウンロードし、自分のSNSに投稿したが、友達が著作権者ではなかったような場合を想定しましょう。この場合、著作権を侵害するという結果を予想することはできたはずなのに、友達に写真の撮影者について質問し、友達が撮影者でなかったときには投稿を控えるなどの行動をとらなかったとして過失が認められる可能性があります。ここまで過失を説明しましたが、よくわからない方は、過失を「不注意」という程度の意味で押さえておいてください。

Column ● **法の不知は許さず**

　「法の不知は許さず」という言葉は昔からある法のことわざの1つです。その意味は、法律を知らないことをもって法律から逃れることはできないというものです。たとえば、刑法38条3項本文は「法律を知らなかったとしても、そのことによって、罪を

犯す意思がなかったとすることはできない。」と定めています。法律を知らなかった、だから私に責任はないという反論は法律的に通用しないということを是非ここで憶えておいてください。

(3) 権利・法益侵害

次に、②権利又は法益侵害ですが、これらについてはあまり解説することがありません。この要件が認められないことはあまり多くありません。ただし、たとえば利用規約に違反した者が"SNS投稿をする権利"を主張してSNS運営会社と争ったような場合には、そのような権利までは認められないとして退けられることとなるでしょう。あくまで法律上認められる権利や法益である必要があるのです。

(4) 損害

そして、③損害です。損害というのは、"不法行為がなければ被害者が置かれているであろう財産状態と、不法行為があったために被害者が置かれている財産状態との差額"を意味します。要するに、不法行為がなかったというパラレルワールドを想定し、現実世界とパラレルワールドの差を金額であらわしたものを損害とするのです。たとえば、一日に100人のお客さんが訪れるラーメン屋があるとして、「あのラーメン屋は賞味期限切れ食材ばかり使用している」との虚偽の情報をSNSに

投稿し、その後 1 か月間、そのラーメン屋のお客さんが半減したとしましょう。このとき、このような業務妨害がなく、一日に 100 人のお客さんが訪れるというパラレルワールドを想定しつつ、このような業務妨害を受け、一日に 50 人のお客さんしか訪れなくなった現実世界との差を金銭算定します。仮に、客一人あたりの利益が 1000 円だとすれば、1000 円× 50 人× 30 日＝ 150 万円が損害ということになります。

(5) 因果関係

最後に、④因果関係です。一般に、加害行為（故意・過失のある行為）と損害との間に因果関係が必要であると理解されています。そして、因果関係が認められるためには、加害行為がなかったら損害が発生しなかったという関係があるだけでは足りず、その加害行為をもって損害発生の原因だとすることが法的に見て相当であると認められる必要があります。

簡潔にまとめると、ただの原因と結果の関係でなく、相当因果関係が必要だとするのが判例の立場なのです。

たとえば、SNS で X さんの名誉を毀損する投稿をして、X さんはうつ病になり最終的には自殺してしまったとしましょう。このとき、X さんが受けた精神的苦痛に対応する慰謝料や、死亡による逸失利益などを損害として挙げることができます。このとき、自殺により生じた損害まで賠償させることは相当でないとして、逸失利益について因果関係を否定することがあり

ます。よくわからないという方は、とりあえず、生じた損害の
すべてが賠償されるというわけではないということを理解して
おいてください。

第2章 名誉権侵害（名誉毀損）

1 はじめに

　名誉毀損の「毀損」という漢字は普段見慣れないかもしれません。毀損というのは、利益・体面などをそこなうことという意味です。それでもわかりづらい方は、ここでは、毀損というのは"傷つけられる"という程度の意味で押さえておいてください。他人の名誉を毀損した場合、民事責任だけでなく刑事責任までも負う可能性があります。

2 民事

（1）名誉ってなに？

　名誉というのは、人の品性、徳行、名声、信用等の人格的価値について社会から受ける客観的評価を意味します。たとえば、「Xは非常に優秀な研究者として業界で名が通っている」のであればそれはXが名声についてすばらしい評価を受けていることになります。

（2）要件の検討

■名誉毀損＝社会的評価の低下

　このような名誉が毀損されたと認められるには、被害者の社会的な評価を低下させたと認められる必要があります。そして、投稿内容が社会的な評価を低下させるものかどうかは、一般の

読者の普通の注意と読み方を基準とすることになります。たとえば、「X社はブラックだ」という投稿をしたとき、これを国語的な意味で理解すると「X社は黒だ」という意味になり、何のことをいっているのかサッパリわかりませんが、普通の読者の読み方を基準とすると「X社の労働環境は劣悪だ」という意味になり、法人の社会的な評価を低下したと認められる可能性が生じます。

■対象の特定性

被害者の社会的な評価を低下させたと認められるためには、投稿内容の対象が特定されていなければなりません。たとえば、「関西人は下品だ」などと投稿する場合、具体的に誰のことを述べているのかを特定できず、その投稿内容が具体的な誰かの社会的評価を下げたとはいえないため、名誉を毀損したことにはなりません。

■免責要件①―事実の摘示による名誉毀損の場合

実は、人の社会的評価を下げる投稿をしても、それが常に不法行為となるわけではありません。真実性の抗弁や相当性の抗弁と呼ばれる反論に成功することで、名誉毀損の責任を免れることができるのです。抗弁というと難しいですが、"法律上許されている反論"という程度に理解してください。民法上に条文はありませんが、判例は、後ほど紹介する刑法230条の2を参考に、次のように述べています。

最高裁昭和 41 年 6 月 23 日判決
その行為が対象者の社会的評価を低下させるとしてその行為が公共の利害に関する事実に係りもっぱら公益を図る目的に出た場合には、摘示された事実が真実であることが証明されたときは、右行為には違法性がなく、不法行為は成立しないものと解するのが相当であり、もし、右事実が真実であることが証明されなくても、その行為者においてその事実を真実と信ずるについて相応の理由があるときには、右行為には故意もしくは過失がなく、結局、不法行為は成立しないものと解するのが相当である。

　判例を読む場合には、その文章が何について述べているのかを見極めて読む必要があります。この判例は、要件として、①「その行為が公共の利害に関する事実に係」ること（事実の公共性）、②「もっぱら公益を図る目的」（目的の公益性）であったこと、そして、③「摘示された事実が真実であることが証明された」（真実性の証明）ことの 3 つを挙げています。また、それらの要件を満たす場合には、「違法性がなく、不法行為は成立しない」と述べています。ここで、"不法行為の成立要件に違法性なんてあったっけ…？"などと疑問を抱いた方は非常に鋭いです。確かにその通りで、不法行為の成立要件は a 故意又は過失、b 権利又は法益侵害、c 損害の発生、d 因果関係の 4 つでした。しかし、実は、みなさんにおなじみの刑法の正当防衛（刑法 36 条 1 項）のほかに、民法にも正当防衛（民法 720 条）などの違法性を消失させる条項が存在し、それが成立

すると不法行為責任を免れることができるのです。この判例も、①〜③の要件を満たす場合には、民法の正当防衛などと同様に違法性を消失させ、その結果として不法行為責任を免れるという理屈になります。

そのほかにも、③の証明に失敗した場合に、③´「その行為者においてその事実を真実と信ずるについて相応の理由がある」（相当性）という要件を満たすときには、「故意もしくは過失がなく、結局、不法行為は成立しない」と述べています。

まとめると、①事実の公共性、②目的の公益性、③真実性の証明の要件を満たす場合には、違法ではないとして名誉毀損の責任を免れることができますし、①②に加えて③´相当性の要件を満たす場合には、故意・過失がないものとして名誉毀損の責任を免れることができます。たとえば、「建築会社のX社は耐震基準を満たさない欠陥住宅を量産している」とSNSに投稿したとしましょう。このような投稿はX社の名誉を毀損する内容となっていますが、真実性の抗弁（①②③）の要件か相当性の抗弁（①②③´）の要件を満たせば投稿者は損害賠償等の責任を免れることができます。

①事実の公共性の意味を定義した裁判例はありませんが、"社会の正当な関心事"などといわれています。たとえば、「建築会社のX社は耐震基準を満たさない欠陥住宅を量産している」という投稿は、住宅の購入を検討する者にとっては重要な情報を、また、入居者の生命・身体という重要な利益にかかわ

る情報を提供していることから、社会の正当な関心事といえるでしょう。他方で、「大企業社長のXが現在不倫をしている！」という投稿は、単に公衆の好奇心を満たすだけの情報ですので、社会の正当な関心事ではないといえるでしょう。

　②目的の公益性については、判例上は「もっぱら公益を図る目的」という表現になっていますが主たる動機が公益を図る目的であれば②要件を満たすと考えられています。たとえば、「建築会社のX社は耐震基準を満たさない欠陥住宅を量産している」という投稿ですと、住宅の購入を検討するすべての者に対して重要な情報を提供していますので、主たる動機が公益を図る目的であると認められやすいでしょう。他方で、X社のライバル会社からお金をもらって上記投稿をした場合には、主たる動機が公益を図る目的であるとは認められないことが多いでしょう。

　③真実性の証明の要件が認められるためには、投稿した事実が真実であることを証明しなければなりません。つまり、さまざまな証拠をもって、裁判の場において、投稿した事実が真実であると裁判官に思わせる必要があるのです。ただし、投稿した事実のすべてが真実であることの証明が必要というわけではなく、投稿した事実のうち重要な部分についての真実性が真実であることの証明があれば足ります。

　③′相当性については、情報源・取材源が確かなものかどうか、裏付取材が十分になされているかどうか、名誉毀損の対象

第2部　こんな投稿大丈夫？―理論編

となった者やキーマンへの直接取材が試みられているかどうか
などの事情を総合的に考慮して判断されます。

　ここまで難しかったかもしれませんが、要するに、裁判で投
稿内容が真実だと証明できた場合や、投稿内容についてしっか
りと裏付調査ができていたと認められた場合には、名誉毀損の
責任を免れることができるということなのです。

■ 免責要件②―意見・論評による名誉毀損の場合

　事実についての投稿をした場合に、真実性の抗弁や相当性の
抗弁といった反論により、名誉毀損の責任を免れることができ
ることはおわかりになったのではないかと思います。他方で、
物事に対する"意見"を投稿した場合には、その真否を明らか
にすることはできません。たとえば、「建築会社のX社から住
宅を買うべきでない」という投稿で考えてみましょう。このよ
うな意見については正しいと考える人もいれば間違っていると
考える人もいますよね。つまり、事実についてはそれがあった
かなかったかを明らかにできますが、意見については自分がそ
の意見についてどう考えるかを超えて真否を明らかにすること
はできないのです。そこで、意見や論評による名誉毀損の場合
には、判例は、次のように述べています。

最高裁平成9年9月9日判決
ある真実を基礎としての意見ないし論評の表明による名誉毀損に
あっては、その行為が公共の利害に関する事実に係り、かつ、そ

225

の目的が専ら公益を図ることにあった場合に、右意見ないし論評の前提としている事実が重要な部分について真実であることの証明があったときには、人身攻撃に及ぶなど意見ないし論評としての域を逸脱したものでない限り、右行為は違法性を欠くものというべきである。そして、仮に右意見ないし論評の前提としている事実が真実であることの証明がないときにも、事実を摘示しての名誉毀損における場合と対比すると、行為者において右事実を真実と信ずるについて相当の理由があれば、その故意又は過失は否定されると解するのが相当である。

　この判例も、要件として、①「その行為が公共の利害に関する事実に係」ること（事実の公共性）、②「専ら公益を図る」目的（目的の公益性）であったことを挙げています。加えてこの判例は、③「意見ないし論評の前提としている事実が重要な部分について真実であることの証明」（前提事実の真実性の証明）および④「意見ないし論評としての域を逸脱したものでない」ことという要件を挙げています。③については先ほど述べたように、意見そのものの真否を明らかにすることはできないので、その意見の元となった事実についての真実性を問題にしているのです。そして、それらの要件を満たす場合には、「右行為は違法性を欠く」と述べています。

　そのほかにも、③の証明に失敗した場合に、③′「行為者において右事実を真実と信ずるについて相当の理由があ」る（相当性）という要件を満たすときには、「その故意又は過失は否

定される」と述べています。

　まとめると、①事実の公共性、②目的の公益性、③前提事実の真実性の証明、④意見ないし論評としての域を逸脱しないことの要件を満たす場合には、違法ではないとして名誉毀損の責任を免れることができますし、①②④に加えて③´相当性の要件を満たす場合には、故意・過失がないものとして名誉毀損の責任を免れることができます。

　これまでに④意見ないし論評としての域を逸脱したと判断された例としては、「バカ」「キチガイ」「狂人」などの表現を何度も繰り返し、「脳味噌にウジがわいたアホ」などと表現した例があります。

（3）効果の検討

　他人の名誉を傷つけた場合には、不法行為が成立し、損害賠償責任が生じることがあります。それ以外にも、名誉回復処分として謝罪広告の掲載命令を受けたり、差止請求が認められることがあります。

■名誉回復処分

　不法行為に対する救済は損害賠償でおこなわれるのが原則ですが、名誉毀損の被害者については、例外的に名誉回復処分による救済を受けることができる場合があります。次の条文を見てください。

> 民法第723条　他人の名誉を毀損した者に対しては、裁判所は、
> 被害者の請求により、損害賠償に代えて、又は損害賠償とともに、
> 名誉を回復するのに適当な処分を命ずることができる。

　この条文には、裁判所は「名誉を回復するのに適当な処分」を加害者に命じることができる旨の記載があります。この適当な処分の1つとして、謝罪広告請求というものが導かれます。謝罪広告請求というのは、たとえば、「○○様の名誉権を侵害し、ご迷惑をお掛けしましたことを心からお詫び申し上げます」といった内容の謝罪文をSNSに投稿させることなどを指します。加害者による謝罪文をメディア等に掲載させることで被害者の名誉をある程度回復させることができるという理解によるものです。

　ただ、謝罪広告の請求はその要件が厳しいです。謝罪広告が金銭賠償の原則の例外にあたるため、謝罪広告をさせる必要性がなければ請求が認められません。その必要性の判断にあたっては、被害者の社会的地位、被害団体の公共性の程度、名誉毀損行為の態様、内容、程度、被害者が被った精神的苦痛の程度、社会的評価の低下の程度、当該SNSの閲覧者数や社会的影響力の強弱、名誉毀損行為から口頭弁論終結時までの期間の長短、金銭賠償の有無、賠償額などが考慮されると考えられています。

　謝罪広告が実際に認められるのかどうかを判断するのは、法律家にとっても難しいことですので、"いろんなことを考慮し

第2部　こんな投稿大丈夫？―理論編

て判断するのだな " という程度の理解で大丈夫です。

■ 差止請求

　名誉毀損の被害者については、差止請求が認められることがあります。条文で認められた権利ではなく、判例がこのような権利を認めています。次の判例を見てください。

最高裁昭和 61 年 6 月 11 日判決
人の品性、徳行、名声、信用等の人格的価値について社会から受ける客観的評価である名誉を違法に侵害された者は、損害賠償（民法 710 条）又は名誉回復のための処分（同法 723 条）を求めることができるほか、人格権としての名誉権に基づき、加害者に対し、現に行われている侵害行為を排除し、又は将来生ずべき侵害を予防するため、侵害行為の差止めを求めることができるものと解するのが相当である。

　つまり、名誉毀損の被害者は、名誉権を侵害されたことをもって侵害行為の差止めを求めることができるのです。侵害行為の差止めといいますと、具体的には、SNS 上の投稿でしたら問題となる投稿の削除や非公開化を求めることができますし、週刊誌などですと掲載中止や販売禁止を求めることができるのです。ただし、判例は、差止請求の要件について次のように述べています。

229

最高裁平成 14 年 9 月 24 日判決
どのような場合に侵害行為の差止めが認められるかは、侵害行為の対象となった人物の社会的地位や侵害行為の性質に留意しつつ、予想される侵害行為によって受ける被害者側の不利益と侵害行為を差し止めることによって受ける侵害者側の不利益とを比較衡量して決すべきである。そして、侵害行為が明らかに予想され、その侵害行為によって被害者が重大な損失を受けるおそれがあり、かつ、その回復を事後に図るのが不可能ないし著しく困難になると認められるときは侵害行為の差止めを肯認すべきである。

　すなわち、投稿を削除した場合の投稿者の不利益と、投稿をそのまま放置しておいた場合の被害者の不利益を天秤に載せて考察します。そして、考察の結果、①「侵害行為が明らかに予想され」（侵害行為の明白性）、②「その侵害行為によって被害者が重大な損失を受けるおそれがあり」（重大な損失を受けるおそれ）、③「その回復を事後に図るのが不可能ないし著しく困難になると認められる」こと（事後的な回復の困難性）という要件を満たす場合に、投稿の削除等を請求することができるのです。

3　刑事

(1) 要件の検討

■名誉毀損罪の要件

第 2 部　こんな投稿大丈夫？―理論編

　他人の名誉を毀損した場合には、名誉毀損罪という犯罪が成立します。まずは条文を確認しておきましょう。

> 刑法第 230 条　公然と事実を摘示し、人の名誉を毀損した者は、その事実の有無にかかわらず、三年以下の懲役若しくは禁錮又は五十万円以下の罰金に処する。

　つまり、名誉毀損罪の要件は、①公然性、②事実の摘示、③名誉の毀損の 3 つということになります。

　①公然性というのは、摘示された事実を不特定又は多数の人が認識しうる状態を意味します。インターネット上での投稿は基本的には投稿内容を誰でも閲覧できるような状態に置くことになりますので、必然的に公然性の要件を満たします。

　②事実の摘示については、意見や論評を述べた場合にはこの要件に該当しないことが重要です。ちなみに、公知の事実（みなが知っている事実）であっても、この要件に該当します。

　③名誉の毀損は、民事責任と同じように、社会的な評価を下げるものかどうかで判断します。実際に社会的な評価が下がったことまでは必要がありません。

■ 免責要件

　さて、民事責任のところでも少し触れましたが、名誉毀損罪については真実性の証明に成功することにより刑事責任を免れることができます。次の条文をご覧ください。

刑法第 230 条の 2 第 1 項　前条第一項の行為が公共の利害に関する事実に係り、かつ、その目的が専ら公益を図ることにあったと認める場合には、事実の真否を判断し、真実であることの証明があったときは、これを罰しない。

刑法第 230 条の 2 第 2 項　前項の規定の適用については、公訴が提起されるに至っていない人の犯罪行為に関する事実は、公共の利害に関する事実とみなす。

刑法第 230 条の 2 第 3 項　前条第一項の行為が公務員又は公選による公務員の候補者に関する事実に係る場合には、事実の真否を判断し、真実であることの証明があったときは、これを罰しない。

　1 項は民事責任のところで解説した通り、①事実の公共性、②目的の公益性、③真実性の証明の要件を満たす場合には、違法ではないとして名誉毀損の責任を免れることができます。また、①②に加えて③´相当性の要件を満たす場合には、故意がないものとして名誉毀損の責任を免れることができます。それぞれの要件の解説については 220 頁以下をご参照ください。

　2 項は、刑事裁判になっていない者の犯罪事実に関する事実を投稿した場合には、①の要件を自動的に満たすことを定めています。これは、起訴前の犯罪行為についての情報は捜査のきっかけになるなど公共的な性格を持つからだといわれています。

　3 項は、公務員や選挙の立候補者に関する事実を投稿した場合には、①②の要件を自動的に満たすことを定めています。これは、どのような目的を持って公務員に関する事実を摘示した

第2部　こんな投稿大丈夫？─理論編

としても、公務員の適性を検討するための資料を提供するという意味での公共的な性格を持つからだといわれています。

(2) 親告罪

ところで、名誉毀損罪に関してはこんな条文があります。

刑法第232条　この章の罪は、告訴がなければ公訴を提起することができない。

名誉毀損罪は、232条と同じ章（第34章「名誉に対する罪」）にありますので、告訴がなければ公訴を提起できません。告訴というのは、犯罪の被害者その他一定の関係者が、捜査機関に対して犯罪事実を申告し、犯人の訴追ないし処罰を求める意思表示をいいます。簡単にいえば、「こんな犯罪があったので刑事裁判にしてください」と警察や検察に申し出ることです。公訴というのは、国家刑罰権の発動を求めて、その発生原因となる特定の刑事事件について裁判所の審理および判決を求める意思表示のことをいいます。難しいですが、簡単にいえば刑事裁判をすることです。すなわち、名誉毀損罪は、告訴という手続をとらなければ刑事裁判にはなりません。それどころか、実際上は告訴がなければ捜査すらおこなわれません。

| Column | ● 告訴と被害届 |

告訴と被害届とは異なります。被害届は「こんな犯罪がありました」と申告するにとどまりますが、告訴はそれに加えて「だから犯人を処罰するための手続を進めてね」という意思表示を含みます。

ちなみに、警察署ではなかなか告訴状を受理してくれなかったりします。しかし、犯罪捜査規範という警察内部のルールでは、告訴を受理しなければならないことになっておりますので（犯罪捜査規範63条1項）、告訴をする際にはこのルールを盾に粘り強く交渉することが重要になります。

（3）効果としての刑罰

　刑事裁判において名誉毀損罪となった場合、3年以下の懲役、3年以下の禁錮、50万円以下の罰金の中から刑罰が下されます。懲役というのは、拘禁によって受刑者の自由をはく奪することを内容とする刑罰で、刑務作業が科されます。簡単にいえば、刑務所に入って決められた作業をしないといけないという刑罰です。禁錮というのは、拘禁によって受刑者の自由をはく奪することを内容とする刑罰で、刑務作業が科されません。簡単にいえば、刑務所に入っているだけの刑罰です。罰金というのは、一定額の金銭を徴収することを内容とする刑罰です。簡単にいえば、いくらかお金を払えばおしまいの刑罰です。

Column ●侮辱罪

　事実を摘示せずに人の名誉を傷つけた場合、侮辱罪が成立します（刑法 231 条）。侮辱罪の刑罰は拘留か科料となっており、拘留は懲役の短いバージョン（1 日以上 30 日未満）、科料は罰金の小さいバージョン（千円以上一万円未満）ですので、名誉毀損罪よりも軽い罪となっています。そして、侮辱罪も名誉毀損罪と同様、親告罪となっております。

4　プライバシー権侵害

(1) はじめに

　プライバシー権というのは、おおよそ、私生活をみだりに公開されないという法的保障ないし権利のことをいいます。私生活というのは、公務などを離れた、その人の個人としての生活を意味します。一般的な用語ですと、"プライベート"と呼ばれるものです。このような権利を侵害した場合には、不法行為が成立し、損害賠償責任を負う可能性があります。

(2) 要件

　プライバシー権を侵害するかどうかの判断については、以下の裁判例があります。

> 東京地裁昭和 39 年 9 月 28 日判決
> プライバシーの侵害に対し法的な救済が与えられるためには、公開された内容が私生活上の事実または私生活上の事実らしく受け取られるおそれのあることがらであること、一般人の感受性を基準にして当該私人の立場に立つた場合公開を欲しないであろうと認められることがらであること、換言すれば一般人の感覚を基準として公開されることによつて心理的な負担、不安を覚えるであろうと認められることがらであること、一般の人々に未だ知られていないことがらであることを必要とし、このような公開によつて当該私人が実際に不快、不安の念を覚えたことを必要とする……。

　この裁判例は、要件として、①「私生活上の事実または私生活上の事実らしく受け取られるおそれのあることがらであること」（私事性）、②「一般人の感受性を基準にして当該私人の立場に立つた場合公開を欲しないであろうと認められることがらであること」（秘匿性）、③「一般の人々に未だ知られていないことがらであること」（非公知性）を挙げています。

　すなわち、①私事性、②秘匿性、③非公知性の３つの要件を満たす場合に、プライバシーの侵害に対する法的な救済を受けることが可能になるということです。たとえば、「X は HIV に感染している」と投稿したとしましょう。このような病歴は、①私生活上の事実ですし、②一般人を基準としても公開を欲しないでしょうし、他人の病歴を知る機会などあまりありません

から、③一般の人々に未だ知られていない事柄といえるでしょう。ほかにも、身近な例でいえば、他人の収入を勝手に公表することはプライバシー権を侵害します。

(3) 効果

　プライバシー権を侵害した場合には、不法行為が成立し、損害賠償責任が生じることがあります。それ以外にも、原状回復処分として謝罪広告の掲載義務が生じたり、差止請求が認められることがあります。

■原状回復処分

　判例は、プライバシー権の侵害に対して謝罪広告の掲載を命じることについて否定的です。しかしながら、プライバシー権の侵害に対して民法723条の類推適用を認め、謝罪広告の掲載を命じた裁判例があります。

東京地裁平成2年5月22日判決
民法は、名誉侵害については、侵害の態様が広く将来に渡って継続し、かつ、損害の内容につき金銭的評価が困難であることに照らし、その損害の回復には現実的な損害回復方法である特定的な救済を認めるのが適切、かつ、合理的である場合があるとして、これを許容しているものと解される。したがって、侵害の態様や損害の性質・内容に照らし、特定的な救済が適切、かつ、合理的であると認められる場合には、名誉侵害と同様に、金銭賠償に代

えまたはこれと共に特定的な救済を認めるのが相当である。……
本件においては、民法七二三条を類推適用して被告らに謝罪広告
を命ずるのが、損害の原状回復の方法として、有効、適切、かつ、
合理的であり、また公平の理念にも合致するというべきである。

　この裁判例は、「侵害の態様や損害の性質・内容に照らし、
特定的な救済が適切、かつ、合理的である」という要件を満た
す場合に、「被告らに謝罪広告を命ずる」ことができるとして
います。

　そんなわけで、プライバシー権の侵害に対する謝罪広告請求
について否定的な判例の立場を踏まえると、プライバシー権侵
害に対して謝罪広告の掲載命令を求めるのは困難ではありますが、一応、謝罪広告の掲載命令が下される可能性がなくはない
ということです。

Column ●類推適用

　条文をそのまま読んだ場合には要件にあてはまらなくても、本
質的な部分についてその条文が想定している場面との同一性が見
られるときに、その条文を適用する解釈手法です。簡単にいえば、
よく似た事態だから同じように扱おうというものです。たとえば、
民法 723 条は他人の名誉を毀損した場合に裁判所が名誉回復処分
を命じることができるという条文であって、プライバシー権を侵
害しても同条の要件にあてはまりません。しかし、名誉権とプラ

イバシー権のいずれも人格的な利益としての重要性を持っており、損害賠償だけでは補いきれない損害が発生し得るという本質的な点で共通しています。そのため、類推適用を認めた裁判例もあるというわけです。

　他方で、犯罪と刑罰を定める刑法においては、刑罰をもって禁止する事柄のみでなく、禁止しない事柄をも明らかにすることにも大きな意味がありますので、あらかじめ条文に書かれていないことについても適用範囲としてしまう類推適用については禁止されています。

　このように、一口に法律といっても各法律によって考え方が異なることがありますのでご注意ください。

■差止請求

　プライバシー権侵害については、判例上、差止請求が認められています。その要件については、次の裁判例をご覧ください、

東京高裁平成 13 年 2 月 15 日判決

どのような場合に侵害行為の事前の差止めが認められるかは、侵害行為の対象となった人物の社会的地位や侵害行為の性質に留意しつつ、予想される侵害行為によって受ける被害者側の不利益と侵害行為を差し止めることによって受ける侵害者側の不利益とを比較衡量して決すべきである。そして、侵害行為が明らかに予想され、その侵害行為によって被害者が重大な損失を受けるおそれがあり、かつ、その回復を事後に図るのが不可能ないし著しく困難になると認められるときは事前の差止めを肯認すべきである。

すなわち、投稿を削除した場合の投稿者の不利益と、投稿を
そのまま放置しておいた場合の被害者の不利益を天秤にかけて
考察します。そして、考察の結果、①「侵害行為が明らかに予
想され」ること（侵害行為の明白性）、②「その侵害行為によっ
て被害者が重大な損失を受けるおそれがあ」ること（重大な損
失を受けるおそれ）、③「その回復を事後に図るのが不可能な
いし著しく困難になると認められる」こと（事後的な回復の困
難性）という要件を満たす場合に、投稿の削除等を請求するこ
とができるのです。既にお気づきの方がいらっしゃるかもしれ
ませんが、名誉毀損の場合の差止請求と同じ要件になっていま
す。

5　肖像権侵害

(1) はじめに

　肖像権というのは、みだりに容ぼう・姿態を撮影されない権
利のことをいいます。このような権利を侵害した場合には、不
法行為が成立し、損害賠償責任を負う可能性があります。

(2) 要件

　肖像権を侵害するかどうかの判断については、以下の判例が
あります。

第2部　こんな投稿大丈夫？―理論編

> 最高裁平成 17 年 11 月 10 日判決
> ある者の容ぼう等をその承諾なく撮影することが不法行為法上違法となるかどうかは、被撮影者の社会的地位、撮影された被撮影者の活動内容、撮影の場所、撮影の目的、撮影の態様, 撮影の必要性等を総合考慮して、被撮影者の上記人格的利益の侵害が社会生活上受忍の限度を超えるものといえるかどうかを判断して決すべきである。

　要するに、さまざまな事柄を考慮した上で、受忍限度を超える場合に肖像権侵害が認められるということです。受忍限度というのがわかりにくければ、"ガマンの限界"と置き換えるとわかりやすくなると思います。ただ、そのときのガマンの限界というのは、肖像権が侵害された自分のガマンの限界ではなくて、社会一般的に見たときのガマンの限界をいいますのでご注意ください。

　考慮要素についても見ておきましょう。①被撮影者の社会的地位については、公的な地位であれば適法の方向に傾きます。②撮影される人の活動内容については、公的な活動であれば適法の方向に傾きます。③撮影の場所については、公共の場所であれば適法の方向に傾きます。逆に、プライベートな場所については違法の方向に傾きます。④撮影の目的については、公益を図る目的であれば適法の方向に傾きます。⑤撮影の態様については、隠し撮り等の場合には違法の方向に傾きます。⑥撮影

の必要性については、撮影の目的との関係で必要性があれば適法の方向に傾きます。

（3）効果

　肖像権を侵害した場合には、不法行為が成立し、損害賠償責任が生じることがあります。それ以外にも、原状回復処分として謝罪広告の掲載義務が生じたり、差止請求が認められることがあります。

■原状回復処分

　肖像権侵害に基づく原状回復処分としての謝罪広告請求については、裁判例上、肯定例と否定例があります。肯定例はプライバシー権侵害のところで見た、東京地判平成2年5月22日判決です（237頁）。否定例は、東京地判平成元年6月23日判決です。この裁判例は、週刊誌の肖像権侵害を認めつつも、警告文を図書館に送付し貼付を求める請求を認めませんでした。

■差止請求

　肖像権侵害については、数は少ないですが、裁判例上差止請求が認められています。ただし、その要件を一般的に示したものは見当たりません。次の2つの裁判例を見てください。

第2部　こんな投稿大丈夫？―理論編

東京地裁平成3年9月27日決定
一般的に、人格的利益の一つとして、人は自己の肖像を無断で制作、公表されない利益を有し、これを侵害され又は侵害されるおそれのある者は、加害者に対し、現に行われている侵害行為を排除し、又は、将来生ずべき侵害を予防するため、侵害行為の差止めを求めることができる場合があると解される。いかなる場合に可能かは、肖像の制作、公表によって蒙る本人の不利益、被害感情などと、これにより得られる肖像の制作、公表をする者及び公共の利益とを比較衡量して決すべきであり、これは肖像の形態（写真、彫刻、絵画等）、展示の目的（特に公共の利益の有無）、展示の形態その他の具体的事情に基づき判断すべきである。

東京地判平成21年8月13日判決
人の裸体を撮影した写真が一般に公表されて公衆の目に触れることになった場合には、被撮影者の羞恥心が著しく害され、これを事後的な金銭賠償で回復することは著しく困難である。したがって、人の裸体を撮影すること、また、人の裸体が撮影された写真を公表することは、被撮影者の同意があるなど、特段の事情がない限り許されず、被撮影者は、人格権としての肖像権に基づき、撮影された裸体の写真が公表されようとする場合には、これを事前に差止めすることができるものと解するのが相当である。

　基本的には、平成3年決定が述べるように、本人側の不利益と侵害者側の利益を比べて判断することになるかと思います。そして、平成21年判決が述べるように、裸体に関しては公表されることによる本人の不利益が著しい以上、特段の事情

がない限り差止請求が認められるのだと整理することができるでしょう。

Column ●判決と決定

　判決と決定はいずれも裁判所がおこなう裁判ですが、判決は決定よりもより厳格な手続を経ておこなうものです。たとえば、判決は口頭弁論という法廷でのやりとりを経なければおこなうことができませんが、決定はこれをおこなわずにすることができます。また、裁判に対する不服申し立ての方法が、判決については控訴・上告という方法になりますが、決定についてはより簡易な抗告・再抗告によることになります。法律の本では、裁判例の年月日をあらわす際に、「最判○年…」や「最決○年…」といった形であらわしますが、この「判」が判決を略したもので、「決」が決定を略したものになっています。

第2部 こんな投稿大丈夫？―理論編

6 著作権侵害

1 著作権の概要

　著作物に関するさまざまな権利をまとめて著作権と呼んでいます。著作物というのは、思想又は感情を創作的に表現したものであって、文芸、学術、美術又は音楽の範囲に属するものをいいます（著作権法2条）。創作的というのは、自分自身のアイデアや表現方法という意味です。

　ここでは、まず、著作者の権利の全体像をご覧ください。

著作者の権利	著作者人格権	公表権
		氏名表示権
		同一性保持権
		名誉名声保持権
	著作権	複製権
		上演権、演奏権
		上映権
		公衆送信権等
		口述権
		展示権
		頒布権
		譲渡権
		貸与権
		翻訳権、翻案権等
		二次的著作物の利用権

245

それぞれの権利の意味は、以下の通りです。

公表権	著作物を公表するか否か、公表する場合にいつ、どんな方法で公表するかを決める権利
氏名表示権	著作物が公表される場合に、著作者の氏名を表示するか否か、表示する場合にどのような名義で表示するか（芸名、本名など）を決める権利
同一性保持権	著作物の同一性を保持し、著作者の意に反した改変を受けない権利
名誉名声保持権	著作者の名誉や声望を害する方法によって作品を利用されない権利
複製権	他人が自分の著作物を勝手にコピーすることを禁止できる権利
上演権	自分が創作した脚本や振付などを、他人が許可なく公に上演することを禁止できる権利
演奏権	自分が作曲した音楽を他人が許可なく公に演奏することを禁止できる権利
上映権	自分の著作物を、第三者が勝手にスクリーンやディスプレイ画面などに映写することにより公衆に見せることを禁止できる権利
公衆送信権	自分の著作物をテレビやラジオなどで放送したり、インターネット上にアップロードすることを禁止できる権利
口述権	自分の言語や著作物を、他人が勝手に公衆に向けて朗読などする行為を禁止できる権利
展示権	作品を公衆に見せるために展示することを禁止できる権利
頒布権	映画の著作物の複製物について、他人が勝手に販売したり、レンタルしたりすることを禁止できる権利
譲渡権	自分の著作物を、他人が勝手に譲渡により公衆に提供することを禁止できる権利

貸与権	自分の著作物の複製物を他人が勝手に公衆にレンタルする行為を禁止できる権利
翻訳権	自己の言語の著作物を他人が勝手に他国の言語に変えることを禁止できる権利
翻案権	小説を原作として脚本や映画をつくったり、マンガに登場するキャラクターのぬいぐるみをつくったりすることを禁止できる権利
二次的著作物の利用権	他人の著作物を元として、自分の著作物をつくったときの二次的著作物に対する権利

　また、著作隣接権という権利もあります。著作物の伝達者に認められる権利です。作曲された音楽などを歌う歌手、台本を舞台で演じたりする実演家、音楽や映像をレコードなどに録音・録画するレコード製作者、音楽や映像をテレビやラジオで放送する放送事業者・有線放送事業者に著作隣接権が認められます。これらの著作隣接権者には、著作権や著作人格権のうち、いくつかの権利が認められています。

実演家	氏名表示権、同一性保持権、録音権・録画権、放送権・有線放送権、送信可能化権、商業用レコードの二次使用料を受ける権利、譲渡権、貸与権
レコード製作者	複製権、送信可能化権、商業用レコードの二次使用料を受ける権利、譲渡権、貸与権
放送事業者・有線放送事業者	複製権、再放送権・有線放送権、送信可能化権、譲渡権、テレビジョン放送の伝達権

2　民事・刑事責任

■著作権侵害の要件

　著作権を侵害した場合には、さまざまな責任が発生します。どういった場合に著作権を侵害したことになるのかというと、複製権や翻案権については依拠性、類似性の要件を満たす場合に、その他の権利については無権原で他人の著作物を利用した場合です。おおざっぱにいえば、著作権の侵害は、他人の著作物をまねしてそれに似た作品を勝手につくったり、他人の著作物を勝手に利用したりする場合に生じます。

　依拠というのは、他人の著作物に接し、それを自己の作品の中に用いることなどといわれます。簡単にいえば、他人の作品をまねたり、参考にしたりすることですね。類似というのは、著作物の表現上の本質的な特徴を直接感得できるというような意味です。わかりにくければ、重要な部分で似ているという程度に捉えておいてください。他人の著作物をまねて出来上がったものが新しい別個の作品と評価されることがあり得ますので、類似性の要件が要求されているのです。

■著作権侵害による民事責任

　著作権を侵害した場合には、不法行為が成立し、損害賠償責任が生じることがあります。また、不当利得が成立し、利得返還義務が生じることがあります。さらに、差止請求や名誉回復等の措置が認められることがあります。

第2部　こんな投稿大丈夫？―理論編

　著作権侵害による不法行為については、立証を緩和するための定めがあります。わかりにくいと思いますのでここは軽く読み流してください。証明を緩和するための定めとしては、①侵害者が受けた利益の額を権利者が受けた損害の額と推定する損害額の推定規定（著作権法114条）、②侵害行為の立証や損害額の計算に必要な書類について、当事者の申立てにより、裁判所が当事者に対してそれらの書類の提出を命じることができる旨の規定（著作権法114条の3）、③裁判所が損害額の鑑定を命じた場合に、侵害者が鑑定人に対して事情を説明することを義務付ける規定（著作権法114条の4）、④損害額を立証するために必要な事実を立証することが事実の性質上極めて困難である場合に、裁判所が相当な損害額を認定することができる旨の規定（著作権法115条の5）があります。

　次に、不当利得です。まずは条文を確認しておきましょう。

民法第703条　法律上の原因なく他人の財産又は労務によって利益を受け、そのために他人に損失を及ぼした者（以下この章において「受益者」という。）は、その利益の存する限度において、これを返還する義務を負う。

　すなわち、①利得、②損失、③因果関係、④法律上の原因の不存在という要件を満たした場合に、侵害者に利益を返還させることができるのです。条文上は③因果関係の要件が見えづら

いですが、この要件は「…利益を受け、そのために他人に損失を及ぼした」という文言から導かれます。

　たとえば、ゲームソフトを著作権者に無断で複製し、販売した場合を想定しましょう。販売者には販売分の①利益が発生し、一方で本来ならば売れていたはずのゲームソフトが売れなくなった限度において②損失が発生します。ゲームソフトのコピーの販売により利益が生じ、その反面で著作権者は損失を被るのですから、③因果関係が認められます。そして、権原なくゲームソフトのコピーを制作・販売しているのですから、利益について④法律上の原因を欠きます。

　次に差止請求については、著作権法に条文が設けられています。

著作権法第112条1項　著作者、著作権者、出版権者、実演家又は著作隣接権者は、その著作者人格権、著作権、出版権、実演家人格権又は著作隣接権を侵害する者又は侵害するおそれがある者に対し、その侵害の停止又は予防を請求することができる。
著作権法第112条2項　著作者、著作権者、出版権者、実演家又は著作隣接権者は、前項の規定による請求をするに際し、侵害の行為を組成した物、侵害の行為によつて作成された物又は専ら侵害の行為に供された機械若しくは器具の廃棄その他の侵害の停止又は予防に必要な措置を請求することができる。

第2部　こんな投稿大丈夫？—理論編

　1項を見ると、「侵害の停止又は予防を請求することができる」とあります。これにより、著作権の侵害をやめるように求めることができるのです。また、2項を見ると、「侵害の行為によつて作成された物…の廃棄その他の侵害の停止又は予防に必要な措置を請求することができる」とあります。これにより、著作権を侵害しているコピー品などの廃棄を求めることもできるのです。

　最後に、名誉回復等の措置についても、著作権法に条文が設けられております。

> 著作権法第115条　著作者又は実演家は、故意又は過失によりその著作者人格権又は実演家人格権を侵害した者に対し、損害の賠償に代えて、又は損害の賠償とともに、著作者又は実演家であることを確保し、又は訂正その他著作者若しくは実演家の名誉若しくは声望を回復するために適当な措置を請求することができる。

　この条文には「名誉若しくは声望を回復するために適当な措置を請求することができる」とあります。名誉毀損のところで見た民法723条と同じようなルールです（228頁）。これにより、たとえば、新聞紙上に謝罪広告を掲載させたり、無断で流用していたことを告知させたりすることができるのです。

■著作権侵害による刑事責任

251

著作権を侵害した場合には、著作権侵害罪という犯罪が成立します。まずは条文を確認しておきましょう。

著作権法第119条1項　著作権、出版権又は著作隣接権を侵害した者（第三十条第一項（第百二条第一項において準用する場合を含む。第三項において同じ。）に定める私的使用の目的をもつて自ら著作物若しくは実演等の複製を行つた者、第百十三条第三項の規定により著作権若しくは著作隣接権（同条第四項の規定により著作隣接権とみなされる権利を含む。第百二十条の二第三号において同じ。）を侵害する行為とみなされる行為を行つた者、第百十三条第五項の規定により著作権若しくは著作隣接権を侵害する行為とみなされる行為を行つた者又は次項第三号若しくは第四号に掲げる者を除く。）は、十年以下の懲役若しくは千万円以下の罰金に処し、又はこれを併科する。

　かっこ書きが多くて読みづらいですが、要するに、著作権等を侵害した場合には、10年以下の懲役か1000万円以下の罰金か、あるいはその両方の刑に処するということです。罰金の金額の上限の大きさに驚かれたかもしれませんね。それだけ著作権の侵害は重く受け止められているということなのです。

　ただし、名誉毀損罪と同様に、著作権侵害罪についても次の規定があります。

第2部　こんな投稿大丈夫？―理論編

> 著作権法第 123 条　第百十九条、第百二十条の二第三号及び第四号、第百二十一条の二並びに前条第一項の罪は、告訴がなければ公訴を提起することができない。

　つまり、著作権侵害罪は親告罪とされているのです。したがって、著作権侵害罪は、告訴という手続をとらなければ刑事裁判にはなりませんし、それどころか、実際上は告訴がなければ捜査すらおこなわれません。著作権者の意思を尊重するルールになっているのです。

253

おわりに

　解説は以上となります。

　ここまで読み進めていただいてお疲れのことでしょう。

　しばし頭を休めてあげてください。

　本書を読了したことで、SNS で投稿するにあたって気をつけたい法律についてはだいたいカバーできたはずです。

　もしかすると、"気軽に投稿できなくなっちゃった"と感じてらっしゃる方もいらっしゃるのではないでしょうか。

　しかし、それは、法律の考え方を知ったことでそのように感じているわけですから、ご自身の成長を誇っていただければと思います。

　SNS を使って誰でも気軽に発信できる社会というのは、すばらしい社会だと思います。反面、誰でも簡単に加害者になってしまう社会でもありますので、時折本書の存在を思い出して、見返していただければ幸いです。

　それでは、みなさん、よい SNS ライフを！

【著者プロフィール】

久保田康介 （くぼたこうすけ）

　弁護士（兵庫県弁護士会）。姫路獨協大学卒業、京都大学法科大学院修了。

　高校時代は体育科に所属し、部活動とゲームばかりの勉強とは縁遠い生活を送っていた。大学入学後、「このままでは一生学習をしないまま過ごすことになるのではないか」との危機感を覚え、法学の学習を開始し、数年の学習を経て司法試験に合格した。

　司法修習後は講師業に専念していたが、とある事件をきっかけに弁護士登録をした。登録を機に弁護士業と並行して「弁護士 YouTuber」として動画投稿をはじめ、2年足らずで13万人を超えるチャンネル登録者を獲得している。

【弁護士 YouTuber kubota channel】

https://www.youtube.com/channel/UC7MQgeoNg9S4r0ZBU2k9pqw/featured

ブックデザイン：菊池 祐
カバーイラスト：師岡とおる
本文イラスト：田淵正敏
本文写真：仲尾知泰

弁護士YouTuberクボタに聞く「これって犯罪ですか？」

2019年2月20日　初版発行

著者／久保田康介

発行者／川金 正法

発行／株式会社KADOKAWA

〒102-8177　東京都千代田区富士見2-13-3
電話 0570-002-301（ナビダイヤル）

印刷所／大日本印刷株式会社

本書の無断複製（コピー、スキャン、デジタル化等）並びに
無断複製物の譲渡及び配信は、著作権法上での例外を除き禁じられています。
また、本書を代行業者などの第三者に依頼して複製する行為は、
たとえ個人や家庭内での利用であっても一切認められておりません。

KADOKAWAカスタマーサポート
［電話］0570-002-301（土日祝日を除く11時〜13時、14時〜17時）
［WEB］https://www.kadokawa.co.jp/（「お問い合わせ」へお進みください）
※製造不良品につきましては上記窓口にて承ります。
※記述・収録内容を超えるご質問にはお答えできない場合があります。
※サポートは日本国内に限らせていただきます。

定価はカバーに表示してあります。

©Kosuke Kubota 2019　Printed in Japan
ISBN 978-4-04-602242-4 C0030